なぜ世界は不況に陥ったのか

集中講義・金融危機と経済学

Ikeo Kazuhito & Ikeda Nobuo
池尾和人｜池田信夫

日経BP社

なぜ世界は不況に陥ったのか

——集中講義・金融危機と経済学

目次

なぜ世界は不況に陥ったのか
——集中講義・金融危機と経済学

プロローグ

池尾和人

福沢諭吉の教えの一つに「半教半学」というのがあります。これは、教える者と学ぶ者の立場を固定的にとらえるのではなく、教える者があるときは学ぶ者となり、学ぶ者が別のあるときには教える者になるという形で、互いに教え合い学び合おうということです。本書では、この「半教半学」の福沢精神に基づいて、池田信夫さんと私（池尾）が、いずれが教授役いずれが聞き役という区別なく互いに議論し合うという形で、**〈今回の金融危機の本質とインプリケーション〉**を明らかにすることを目指した集中講義を行いました。その中では、あわせて**〈経済学の現代的地平〉**とはどのようなものかについても語り合い、そこからはいまの事態がどのように見えてくるかも論じています。

講義の構成

集中講義は、全七回です。最初の第1講では、今回の金融危機の展開を確認します。そして、第2講と第3講では、それぞれ経済全般と金融活動の面に分けて、この三〇年間ほどの経緯を振り返り、今回の金融危機の背景と歴史的な位置付けを明らかにします。その上で第4講では、より理論的に金融危機の発現メカニズムについて論じます。第5講では、金融危機と経済政策の関連をテーマとします。これに対して第6講では、危機後の金融と経済の行く末についての中長期的な展望を議論しています。最後の第7講では、日本の「失われた一〇年」の経験に立ち返って、その教訓を考えます。

エグゼクティブ・サマリー

あらかじめ各講義のポイントをエグゼクティブ・サマリーとして記すと、次の通りです。

第1講では、サブプライムローン問題から全般的な信用危機へと今回の金融危機が深化し、拡大していったプロセスをたどります。ただし、多くの読者にとって既知となっているような事実関係について詳細に述べることは省略して、何が本質的なポイントであるかについてもっぱら論じることにしています。

問題の発端となったサブプライムローン問題については、二つの点を押さえる必要があります。一つは、住宅バブルが発生して崩壊したという点で、この点に関しては、われわれがかつて日本で経験したことと共通しています。しかし、もう一つ、そのバブルの生成と崩壊がどのような金融システムの下で起こったのかという点を押さえておかなければなりません。日本の場合には、伝統的な銀行中心の間接金融体制の下で問題が起きました。これに対して今回のアメリカの場合には、きわめて高度かつ複雑に発展していた重層的な市場型金融の仕組みの下で問題が起きました。

この後者の点での違いをしっかりと確認する必要があります。高度かつ複雑な市場型金融の仕組みの下で問題が起こったからこそ、全般的な信用市場の危機、クレジットクライシスにまで拡大していったのです。かつての日本のような金融システムの下であれば、格付が信頼できなくなったからといって、どうということはありません。ところが、アメリカは金融の最先進国で、市場型金融を最も発展させていたので、格付という市場の情報インフラが機能不全になると、市場そのものも機能停止に追い込まれるという事態に陥ったのです。

第2講では、一九七〇年代末から二〇〇七年までの三〇年間のアメリカを中心としたマクロ経済の動きを一〇年ずつの三つのフェーズに分けて振り返ります。

一九七〇年代末から八〇年代初頭のアメリカは激しいインフレーションに悩まされる中で、景気の低迷が続くという悲惨な（いわゆるスタグフレーションの）状態にありましたが、それを克服し、八〇年代の後半からは経済の再活性化を実現していきます。それと並行する形で経済思潮の面では、第二次大戦直後のアメリカの経済政策をリードしていたケインズ経済学の権威が失墜し、ケインズ経済学はもはや過去のものとみなされるようになりました。

復活したアメリカは、一九八五年頃からマクロ経済的にはきわめて変動性が小さな安定した時期に入ります。この時期は二〇年ほど続き、いまではグレートモデレーション（大平穏期）と呼ばれるようになっています。こうした平穏が続いたことには、グリーンスパンの金融政策運営も貢献しているのでしょう。しかし、平穏な状態がこれほど長く続くと、人々のリスクに対する感度は鈍くなり、高をくくるようになってきます。この意味で、グレートモデレーションが、今回の金融危機を招いた背景になったと考えられます。

一九九七年のアジア金融危機以降、東アジア諸国も外貨準備に対する予備的需要を高め、経常収支の黒字を出すようになります。その結果、世界の中でほとんどの国が経常収支黒字で、赤字なのはアメリカだけだという状況になり、グローバルインバランス（国際的な経常収支の不均衡）が急激に拡大するに至りました。しかし、今回の金融危機は、こうした極端なグローバルインバランスが持続可能なものではないことを示す結果になりました。

第3講では、この三〇年あまりの間の金融ビジネス、金融技術の展開に関して振り返るとともに、リスクを取引するということの意義について解説します。

一九八〇年代を迎える頃になると、戦後の経済復興・成長の過程が一段落し、資金不足の時代から資金余剰の時代に変わってきます。それに伴って、伝統的な銀行業は不況産業化し、S&L（貯蓄貸付組合）の危機や大手商業銀行の経営不振が生じたりします。そうした停滞した状況を打破し、金融ビジネスを再活性化させるとともに、アメリカ経済そのものの復活にも貢献したのが、投資銀行であると言えます。投資銀行は、デリバティブや証券化といった面でも金融イノベーションを主導します。これらの金融イノベーションは、リスクに関する取引の機会を拡大するという意義をもっていました。

しかし、投資銀行は成功するとともに、その規模を拡大させ、肥大化していきます。他方、M&Aの市場などは成熟化してきます。こうした環境下で、肥大化した投資銀行が従来と同様の高収益率を維持していくことは困難になります。その結果として、投資銀行のビジネスモデルの変質が起こるようになったとみられます。

例えば、投資銀行のヘッジファンド化のような現象が起こります。すなわち、投資銀行が自ら大きなポジションを抱えるようになり、高いレバレッジをかけて利益を追求するようになります。こうした変質が今回の危機につながったわけです。しかし、変質後の投資銀行のビジネスモデルは否定されざるを得ないとしても、投資銀行の原点的業務の意義と重要性は失われていないと考えられます。

第4講では、理論的に金融危機の発現メカニズムを考察します。金融危機は歴史上繰り返し起こっていますが、常にこれまでにない要素や意匠を伴う形で新たな危機は起こります。今回の危機に関しても、金融危機である以上、共通したメカニズムが働いています。それをまず確認した上で、新しいファクターの役割についても理解する必要があります。

投機が行きすぎて、それが崩壊することで、金融危機が起こります。そうした過剰投機が起こる原因としては、エージェンシー問題と「美人投票」の問題が考えられます。自己資金で投機を行っている場合には、失敗すれば大損をすることになりますから、自ずと抑制が働くことになります。しかし、他人の金を預かって、それで投機をしているときには、失敗しても他人が損をするだけということになります。こうした事情は、過度のリスクテイクにつながる可能性があります。また、複数の投資家が相互に戦略的な依存関係にあることを認識しながら行動しているときには、横並び行動などが起きて、ファンダメンタル価値から乖離した価格が形成されることが考えられます。

今回のアメリカでは、本質的に銀行取り付けと同様の現象が起こったとみられます。銀行取り付けは、実は合理的な行動だと解釈できます。すなわち、一定以上の割合の預金者が預金の払い戻しを求めると、そのことが原因になって銀行が破綻し、残りの預金者は払い戻しを受けられなくなる可能性が生じます。そうであれば、一定以上の割合の預金者が預金の払い戻しを求めようとしたときには、残りのすべての預金者も払い戻しを求めることが合理的行動になってしまいます。これは、コーディネーションの失敗と呼ばれる事態の一例です。

第5講では、金融危機と経済政策の関連をテーマとしますが、まずは「政府の失敗」が金融危機につながった面があることを指摘します。例えば、アメリカ政府の住宅政策がサブプライムローン問題を助長したとみられるところがあります。また、政府あるいは連邦準備制度（FED）が何とかしてくれるという期待が、民間主体のリスクテイクを過度に促進する結果になったと考えられます。

次に、経済思潮の変遷について説明します。既述のように、ケインズ経済学は過去のものとなりました。それに代わって古典派経済学の復活が起こりましたが、現在は、古典派的な議論の成果は全部踏まえた上で、それにある種のケインズ的要素を組み入れたモデルが統一的フレームワークとして受け入れられるようになっています。こうした現代の経済学においては、不況というのはある種の市場の失敗としてとらえられます。こうした現代的な経済学の知見が広く共有されるようになることが望まれます。

実際の経済政策に関しては、通常の金融政策が手詰まりになる中で、アメリカでは非伝統的な金融政策が実施されるようになっています。非伝統的な金融政策としては、量的緩和とリスク資産の購入が考えられますが、アメリカの場合には、リスク資産の購入が中心で、その結果として量的緩和になるという信用に基づく緩和（credit-based easing）が実施されています。しかし、かつてのわが国で一部の論者が声高に推奨したようなインフレ目標政策はアメリカでも採用される兆しはありません。インフレ目標政策の火付け役と思われていたクルーグマン自身も、そうした政策の有効性をいまは明確に否定しています。

第6講では、中長期的な観点から、危機後の金融と経済の行く末について考察します。最初に、投資銀行および金融工学の役割について再考します。投資銀行が必要でなくなってしまうことは決してなく、事業会社の財務活動を支援するという本来の役割に原点回帰して再出発すべきだと考えます。また、金融工学はまだ新しい技術で、いろいろと不完全なところをもっているのは事実ですが、多くの問題は、金融工学そのものというよりはそれを用いるユーザーの側に起因すると考えられます。その意味では、金融技術を「うまく正しく」使いこなせるようになることが求められています。

これから規制監督体制の見直しも進められていくことになるでしょう。その際のポイントは、これまでの危機の原因分析からすると、情報インフラの再構築とエージェンシー問題のコントロールであると考えられます。

実体経済面については、かなり憂鬱な展望になります。今後、グローバルインバランスは否応なしに縮小されていかなければなりません。このことが、本書のタイトルである「なぜ世界は不況に陥ったのか」という問いに対する直接的な答えになります。アメリカは経常収支の赤字を減らさなければなりませんが、日本は経常収支の黒字を減らさなければなりません。このことは、これまでのように北米市場に過度に依存した輸出主導型の経済成長パターンはとれなくなるということです。しかし、そうした構造調整を短期間で達成することは困難であり、その調整プロセスでは、世界経済は縮小均衡に陥らざるを得ません。マクロ経済政策によって、このプロセスを緩和することはできても、構造調整の必要性そのものをなくしてしまうことはできません。

第7講では、日本の一九九〇年代の経験を改めて振り返ります。われわれは、本当の意味でどれだけこの経験を総括し、教訓化できているのでしょうか。経験したから、何となく分かっているような気がしているだけではないでしょうか。

まず、九〇年代の経済の長期低迷は、少々規模が大きかったとしても、通常の景気循環上の不況として理解すべきものでしょうか。あるいは、潜在成長率そのものの低下が生じたと考えるべきなのでしょうか。

もし本来の成長経路からの単なる下振れであったのなら、マクロ経済政策によって需要喚起を図れば、景気の回復がもたらされるはずです。そうした理解から、金融緩和が不十分なことが長期不況の原因だと主張する人たちもいました。しかし、本当に構造的な問題の存在を無視してよいのでしょうか。構造的な問題の解決に取り組んでこなかったから、また現在のような不況に陥っているのではないのでしょうか。下振れではなく、水準そのものの劣化として把握すべき事態ではないのでしょうか。

また、バブルの発生は防止することができたのでしょうか。あるいは、バブルの発生は不可避であったとしても、その崩壊直後にもっと適切に対応することは可能だったのでしょうか。さらには、不良債権問題の処理が長引いたのは政策担当者がサボっていたからでしょうか。量的緩和と円安介入をやったから二〇〇二年以降の景気回復が実現されたのでしょうか。

これらすべての疑問に自信を持って答えることができないのであれば、過去の経験をしっかりと総括し、教訓化できているとは、残念ながら言うことはできません。自らの経験を教訓化できていない者が、他人にその教訓を伝えることなど、できるはずはありません。

なぜ世界は不況に陥ったのか

グローバルインバランスの拡大をまがりなりにも維持してこれたのは、アメリカ経済の期待成長率が高く、アメリカに投資すれば高い収益率が享受できるという期待があって、世界中から資本がアメリカに集まってきていたからです。しかし、今回の金融危機を契機に、そうした期待は下方に水準訂正されざるを得なくなりました。すると、アメリカが集められる資本の額は従来よりも減少し、アメリカが維持していける経常収支の赤字幅も縮小せざるを得なくなります。

世界的な不均衡の是正が進むことは、好ましいことのようにも思えます。けれども、既述のように、実際は世界経済が縮小均衡に陥ることを意味していると考えられます。少なくとも日本にとっては、財と資本を輸出する市場が小さくなることを意味しています。当然、為替レートは、円高ドル安になります。

繰り返しになりますが、これが、「なぜ世界は不況に陥ったのか」の理由です。

なお、本文で太字で示した用語については、巻末の用語解説で簡単に解説しました。ここで引用した本や論文も巻末にまとめて紹介し、あわせて簡単な読書案内と関連する出来事の年表を付けました。また、本書の出版に当たっては、日経ＢＰ社出版局長の黒沢正俊さんに大変お世話になり、感謝している旨を記しておきたい。

第1講

アメリカ金融危機の深化と拡大

―サブプライム問題から全般的な信用危機へ―

池尾◆この第1講では、まずは今回の金融危機の展開を確認しておくことにしましょう。ただし、読者のほとんどがすでに知っているような事実関係については、詳細に述べることは省略して（必要に応じて、巻末の年表を参照してください）、大まかなあらすじを押さえるだけにします。細かな事実そのものよりも、背景や文脈を理解することの方が大切だという方針でいきます。

その1 サブプライムローン問題

■──問題の発端

池田◆今回の問題は、最初はサブプライムローン問題という名前で呼ばれていたわけですけれども、この講義をやっている二〇〇八年末の段階では、もうサブプライムという言葉はあまり使われなくなりました。もともとはアメリカの不動産市場で始まったローカルな問題が、なぜこんなグローバルな大問題になってしまったのでしょうか。

池尾◆現時点では全般的な信用市場の危機に拡大し、クレジットクライシスという形になっています。しかし、今回のクレジットクライシスの原点──人によってはグラウンドゼロと呼んだりもしていますが――は、アメリカの住宅モーゲージ市場、とくにサブプライムローンと呼ばれるマーケットのクラッシュであることははっきりしています。

サブプライムローン問題に関して、私は二つの点を押さえておく必要があると思っています。一つは、言うまでもなく、住宅バブルが発生して崩壊したということです。この点に関しては、われわれが八〇年代後半から九〇年代初頭にかけて経験したことと本質的にあまり変わらない。しかし同時に、もう一点押さえておく必要があります。それは、バブルの生成と崩壊がどのような金融システムの下で起きたのかという点です。

日本の場合は、比較的単純な金融システムの下で問題が起きた。すなわち、伝統的な銀行中心の間接金融体制の下で問題が起きたわけです。ところが、今回のアメリカの場合は、そうした伝統的な間接金融体制の下で問題が起きたのではない。私などは「市場型間接金融」という表現をしていますが、きわめて高度かつ複雑に発展していた重層的な市場型金融の仕組みの下で問題が起きた。その違いをしっかり押さえておく必要があります。

バブルの崩壊が起きたということで、日本で経験したことと同じような感じでとらえている人がわりと多いように思いますが、バブルの生成と崩壊が起きたこと自体は共通した現象かもしれないものの、それが起きた金融システムのあり方が基本的に違っているという点を見落としてはいけません。

一点目の住宅バブルの生成と崩壊について簡単に確認しておくと、だいたい一九九七年ぐらいから住宅価格の上昇が見られるようになりました。それ以前は上がったり下がったりしていました。**図1**のデータは賃料（レント）に対する価格の比率です。価格が賃料の何倍かということですから、株式でいうと**PER**、株価が収益の何倍かというのにあたるものです。住宅価格は賃料の一〇倍ぐらいの水準でずっと来ていたのが、一九九七年ぐらいから住宅価格が上昇し始めて、ピークには賃料の一四倍ぐらいの水準にまで上昇しました。

いまから見れば、これはバブルだと簡単に言えますが、株式でＰＥＲが一〇倍から一四倍に上がるのが合理化できないかというと、必ずしもそうでもない。永久債じゃないから、ちょっと正確じゃないけれども、利子率の逆数が永久債の場合は資産価格になります。それで考えると、ＰＥＲが一〇倍というのは割引率が一〇％ということです。ＰＥＲが一四倍というのは、割引率が七％ぐ

図1　米国住宅価格の賃料に対する割合

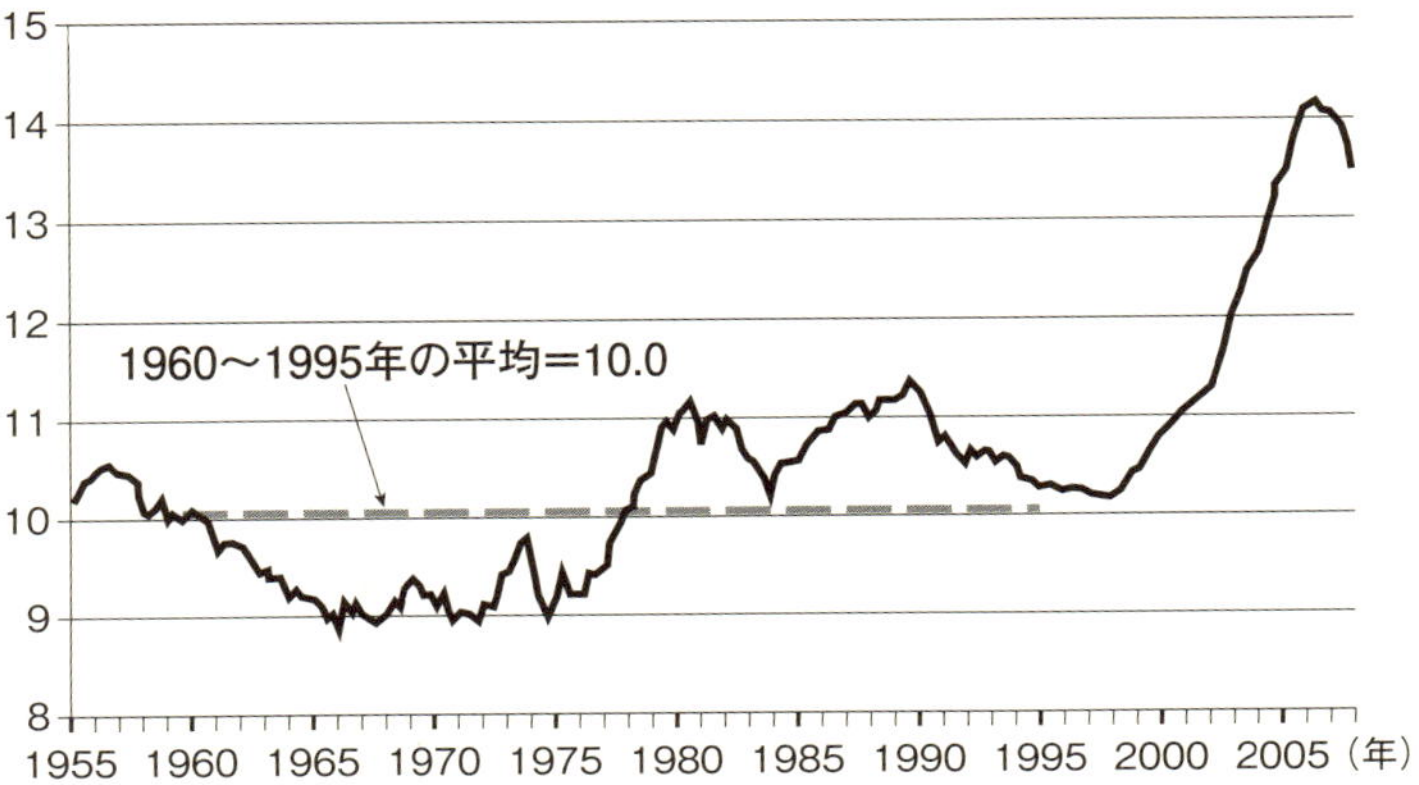

出所）S. G. Cecchetti, "Monetary Policy and the Financial Crisis of 2007-2008," CEPR Policy Insight #21, April 2008.

らいですから、割引率が一〇％から七％まで三％下がれば、このPER一四倍も合理化できるわけです。

要するに、リスクプレミアムとか、土台になる金利そのものが低下して、三％ぐらい割引率が下がったと考えれば、これはバブルじゃないというふうにも言える。だから、そういう解釈をして、住宅価格が上がっているけれどもバブルじゃないと言っていたわけです。ところが、二〇〇六年夏ぐらいに住宅価格がピークアウトする。

サブプライムローンは、後述するように住宅価格が持続的に上昇していくという前提ではじめて成り立つローンなので、住宅価格がピークアウトすると、サブプライムローンの仕組みが成り立たなくなる。すなわち、ローンの焦げ付きだとか支払いの遅延が、住宅価格がピークアウトした二〇〇六年春か夏ぐらいから増加し始める。それから一年ぐらいたって、それが危機として表面化してくる。

池田◈サブプライムローンの業者の資料を見ると、彼らも二〇〇五年ぐらいから危ないなという感じは持っていたみたいですね。特徴的なのは、二〇〇五年ぐらいまでは延滞率は普通だったのが、二〇〇六年から急にリスクが大きくなっている。二〇〇六年からバブルが膨らんでサブプライム証券の需要が急増し、本来なら融資できない信用情報がない人にいいかげんな融資をした。これを「自己申告ローン」、別名「嘘つきローン」と言うそうです。

池尾◆ＮＩＮＪＡ（忍者）ローン——No Income, No Job and no Asset（所得もなく、職もなく資産もない）人々に対するローン——とも言いますがね。

二〇〇六年ビンテージから非常に質が悪くなったのも、バブルが膨らんだのも、一言でいうとカネ余りのせいです。カネ余りで、投資をしたいという投資家側の需要が拡大していた。それに投資銀行などが応えるために、投資家が証券化商品を欲しがっているから原材料たるサブプライムローンをもっと供給しろとモーゲージバンカーに圧力をかけたわけです。とくに二〇〇六年頃から投資先を求める資金のプレッシャーが非常に大きく膨らんでいたということです。

■——バブルの群集心理

池田◆その辺は昔の日本と似ているところがあって、一九八〇年代の日本の不動産バブルでも、債務者の支払い能力を無視して、土地の担保価値さえあればどんどん銀行が融資する、それによって地価が上がり、それによって担保価値が上がる……というループに入った。アメリカでも、同じような群集心理が二〇〇六年あたりに出てきた感じですね。

池尾◆一九九七年ぐらいから上昇が始まり、上昇が一〇年近くも続くと、それが当たり前だという感覚に変わってきたのだと思います。けれども、実際には二〇〇六年夏ぐらいに住宅価格がピークアウトして上昇しなくなります。そうなると、サブプライムローンの仕組みは成り立たないので、ローンの返済が滞るケースが増加してくる。関係者はよく分かっているから警戒するようになって、オリジネート（組成）してもディストリビュート（転売）ができなくなっていきます。

アメリカで住宅ローンを貸し出しているのは、モーゲージバンクと呼ばれる金融機関が主体なわけです。モーゲージバンクは、バンクと名乗ってはいても、いわゆる普通の意味の銀行ではない。預金で資金調達しているわけじゃなくて、自分が貸し出した住宅ローン債権をまとめて証券化して、売却することによって資金調達をしているわけです。ただし、売却するまで一定程度、住宅ローン債権がたまって、一定のロットまで来ないと証券化できない。貸し出した当初は、在庫としてしばらく持っているわけです。

たまったら売るというのが基本で、うまくいっていたときは、わりとスムーズに回転していた。けれども、ちょっとやばいなというふうになると、なかなかすぐに証券化の方に持っていけなくなって、モーゲージバンカーの元に在庫として住宅ローン債権が積み上がることになりました。そして、抱えた在庫が大きな評価損をもたらす結果となって、オリジネーターが破綻し始めます。

モーゲージバンクは、オリジネートした後はディストリビュートしてしまうから、リスクをあまり考えないでモラルハザード的な行動を取ったとよく言われています。しかし、確かに売ってしまうという前提でやっていたのかもしれないけれども、サブプライムクライシスが発現したときには実は売れなくて、抱え込まざるを得なくなって、オリジネーターそのものが破綻していくことになります。オリジネーターが破綻して、それでモーゲージ関係の証券化市場がだんだんしこってくる。そういう事態に直面して、二〇〇七年夏ぐらいですけれども、格付会社がサブプライム関係の証券化商品の格付を一斉に下げるわけです。それによって、それまでサブプライム関係の証券化商品に投資していた投資家が浮き足立つという状況が起きます。

住宅ローンバブルが起きて崩壊した。それは単純な事実で、日本でも経験した事実かもしれないけれども、それが起きた金融制度が全然違うというところをしっかり押さえておくべきだと先に述べました。その二点目について、これから説明します。

モーゲージバンクが貸し出しをして、その貸出債権を証券化する。その第一次証券化商品をRMBSと呼んでいます。それは、いくつかのクラスに分けて証券が発行されます。そのうちのシニア（優先）の部分と、それから逆に一番劣後するエクイティの部分は、わりと買い手がいます。

池田◆エクイティの部分もいるのですか。

池尾◆エクイティの部分はヘッジファンドが買っていた。ヘッジファンドがエクイティ部分のリスクをテイクしていた。シニアの部分は、当初はトリプルAの格付がつくように作っているので、これは普通の機関投資家が買うわけです。

ところが、ミドルリスク、ミドルリターンを好む投資家というのはあまりいないみたいで、シニアとエクイティはさっさと売れるけれども、真ん中のメザニンの部分は売れ残るというか、売りにくい。そういう事情があるから、メザニン部分をかき集めてきて第二次証券化商品を作る。第二次証券化商品は、**CDO**と呼ばれているものです。

これもシニアの部分とメザニンの部分とエクイティの部分に分かれ、これも同じ理由でシニアとエクイティは売れるのに、メザニンはなかなか売れない。だから場合によっては、さらにメザニンをかき集めてきて、CDOスクエアード（CDO二乗）と言われる商品を作ったりもしていました。

そういうCDOを誰が最終的に買っていたかというと、マネー・マーケット・ミューチュアル・ファンド（**MMF**）が買っている場合もあったし、大手の金融機関がスポンサーになってつくっていた**SIV**が買っていたりしていました。そして、SIVはCDOを買うための資金を、CDOを担保にする形の**CP**（**ABCP**）の発行とか、CDOを担保とした**レポ取引**とかで調達していました。

このように最終的な資金の調達者から最終的な資金の提供者までの距離が非常に長い構造になっていた。そこが、日本の経験と比較するときの相違点になります。日本の場合は、銀行が直接貸しているので、貸し手と借り手の距離はすごく短かった。資産価値を再評価するとき、日本の場合だと**DCF法**で貸出債権を評価し直せばできた。借り手と銀行の関係だけですから。

ところがアメリカの場合は、キャッシュフローを提供する人と、それを受け取る投資家の間の距離が非常に長いので、資産価値を再評価しようにもトレースしきれない。だから、最初は格付を信用して、格付だけを頼りにして投資家は買っていた。それが、格付が一斉に引き下げられたりして、格付が信用できなくなると、自分の持っている投資商品の価値を確認しようと思うのだけれども、大元のキャッシュフローの出所まで遡ることができない。トレーサビリティーが確保できないので、値段の付けようがなくなってしまった。ＤＣＦで評価するといっても、そのためのデータが得られないという問題が起きたわけです。

こうした理由で「適正価格が見いだせない」という問題が、アメリカの金融危機を考える際には、問題の本質だということを理解してほしい。

■──サブプライムローン急増の背景

池田◆だいぶ専門的なところに行ったので、基本的なところに戻りますが、サブプライムというのはアメリカの住宅市場でも本来はかなりマイナーな部分でした。大部分はファニーメイとフレディマックのような公的な機関が保証している「エージェンシーローン」で、これが二〇〇七年でも住宅ローン全体の六六％です。これは優良な債券だけど、それ以外の「ノンエージェンシーローン」が三四％あって、そのうちサブプライムは一三％。もともとはかなりマイナーな問題でした。

池尾◆アメリカの住宅ローンは適格物と非適格物に大きく分かれます。日本でも、昔は住宅金融公庫の融資対象になるものと、ならないものがあったのと同じです。住宅金融公庫の融資対象にしてもらうためには、一定の条件をクリアしていないとだめなわけです。アメリカにはファニーメイ、フレディマックという住宅金融公庫的な機関がある。フレディマックとかファニーメイに買い取ってもらえる条件を兼ね備えているものが適格物、そこから外れるものが非適格物です。

プライムローンは適格物です。非適格には三種類あって、サブプライムローンも非適格の一つです。サブプライムローンよりはちょっといいがプライムまで行かないオルトAというクラスがあります。あともう一つ、ジャンボと呼ばれる、あまり豪華すぎて大きすぎるので、住宅政策上は支援する必要はないということで外されているものもあります。

二〇〇五年ぐらいから非適格物――その大半はサブプライムなわけですけれども――の割合が急増します。というのは、投資家からもっと商品を供給しろという圧力がかかったとき、まっとうな人に住宅ローンをもっと借りてくださいといっても、そう借りてもらえるものではないからです。プライムローンの供給をすぐに増やすことはできない。しかし、サブプライムだと、そうしたことが可能だった。はっきり言うと、洗練されていない借り手を半ば騙すような形でローンを組ませることができた。加えて、投資家のニーズに応えるために商品供給を増やすということで、サブプライム自体の基準も切り下げられたので、全体の中でのサブプライムの割合が拡大したわけです。

池田◆アメリカの国民の七割が住宅を持っているというのは、すごいことですよね。昔バブルの時期に興銀の友人が、興銀の住宅ローンの審査に落ちたと言っていました（笑い）。それぐらい日本の銀行の住宅ローン審査は厳しかったのですね。だから住専（住宅金融専門会社）みたいなものが出てきたわけだけど、よくも悪くも日本の住宅ローンというのは、かなり厳しかった。

言い換えると、アメリカのように七割の国民が住宅を持つためには、そんな厳しい審査はできないわけです。ブッシュ政権も「オーナーシップ社会」とか言って持ち家政策を掲げていたので、貧しい人にも住宅を持たせるために、こういう金融技術を駆使して債務を証券化して市場をつくったのです。

昔はローカルにしかできなかった資金調達の道を全国に広げることによって、リスクの高い人でも住宅資金が借りられるようになったのは、必ずしも悪いことではありません。かつてジャンクボンドによって、本来は融資を受けられないリスクの高い企業が融資を受けてものになった企業もあった。同じようにサブプライムの場合も、初期にはちゃんと返済できる人も多かった。

池尾◆サブプライムローン自体は、いまは悪者にされていますが、登場したときには新たな金融革新として、これまで借りられなかった人を借りられるようにした、そういう人に恩恵を与える望ましい制度だと肯定的な評価を受けていた。グリーンスパンも褒めていた。

ただし、住宅ローンを借りられない人が借りられるようになったのは、金融技術でそうなったと納得していた感じがあったけれども、金融技術は魔法の杖ではない。いま考えると、借りられない人が借りられるようになったのは住宅価格が上がっていたからにすぎず、実は金融技術のおかげでも何でもなかった。

なお、アメリカの住宅政策そのものの話は改めて第5講でします。

池田◆末期には相当ひどいことをやっていて、インタレスト（金利）・オンリー・ローンというのがはやるのですね。金利だけ払っていたら、元本はずっと残って借金は永遠に完済できない。最後には、本来の金利よりも少ない金利でいいというものができる。これはどんどん元本が膨らんでいくわけです。

池尾◆だから、借り換えてリファイナンスすることができないと回らないローンの仕組みなのです。例えば、三〇年もののローンでは、2/28とか3/27と呼ばれるようなタイプが主力商品で、最初の二年間とか最初の三年間はすごく優遇する。要するに、段階金利で二年間は低い利子率なのだけれども、三年目からぼんと上がりますという感じです。三年目からぼんと上がったときの返済額は、その人の年収を超えていたりするわけだから、払えるわけがない。

その意味で、最初の二年間借りていて、二年後には借り換えをするということが前提なわけですよ。しかし、その借り換えができるという前提は、二年後には現在よりも住宅価格が上がっているということがあって初めて成り立つにすぎない。この意味で、住宅価格は上がっていくということをみんなが当然と思っていないと成り立たない仕組みだった。

その2
全面的な信用危機への拡大
信用市場での取り付け発生

池尾◆信用危機、クレジットクライシスへの拡大に入りたい。最終的な投資家と最終的な借り手との距離が非常に長い金融システムになっていたにもかかわらず、最終的な投資家には、そういう長い連鎖を遡って資産の価値を評価するという能力はない。その結果、銀行取り付けと本質的に同じ問題が起きたと考えられます。

普通の銀行の場合も、預金者は銀行の経営状態についてよく知らない。銀行の経営状態について本当は何も知らないで預金をしているわけです。そういう預金者が銀行の経営状態に関して不安を覚えたとき、あるいは単なる風説かもしれないけれども、銀行の経営が危ないんじゃないかということを聞いたとき、自分で銀行の経営状態を確かめようとするか、あるいは確かめることが合理的かというと、そうではない。

一般の預金者にはそういう能力もないし、確かめようとすると手間暇もかかる。銀行経営に対して不安を覚えたときには、真の事態を確かめるための手間暇とかコストをかけるよりは、預金者の当然の権利として預金の払い戻しを求める方が、よほど合理的なわけです。不安の正体が本当かどうかを確かめようとする方が非合理的な行動であって、さっさと正当な権利である払い戻しを求める方が合理的な行動なわけです。

しかし、そういう個別的に合理的な行動が合成されると、銀行取り付けという社会的には非効率な事態を招く。それとまったく同じことで、これまでレポ市場を通じたり、ABCPを買ったりして、CDOに投資しているSIVとかに資金を提供していた投資家が、よく分からない不安に駆られたときには、真の事態を確かめようとするのではなくて——確かめようとしたって能力的にもコスト的にも割が合わないのですから——ファイナンスに応じない。資金を回収する、ファンドであれば解約を求める。そういう行動に一斉に出る。

こうして、要するに取り付け（run）が起きたわけです。

池田◈そして二〇〇七年の七月に、S&Pとムーディーズが不動産担保証券の格付を大幅に下げる。これを境にして、それまで一%ぐらいだったCDOの金利スプレッド（基準となる金利との差）が、七%以上に急速に開く。その翌月に、BNPパリバが顧客からのファンドの償還に応じないという事件が起こります。これによって問題が欧州全域に波及して、ECB（欧州中央銀行）が九四八億ユーロの資金供給を行った。プロの目から見ると、その辺で危機は表面化していたわけですよね。

池尾◆それはその時点では、もうそうですよ。プロが見なくても（笑い）。大手の金融機関も資金繰りに窮するようになる。ただし、この時点ではＩＴバブルのころの経験とか、それ以前の危機の経験があるから、何とかなるだろう、ＦＥＤ[注]が何とかしてくれるだろうという感じがあって、一斉に不安に駆られてということはなかった。ちょっと抑えられていたという感じがあったと思います。

大手の金融機関は自助努力で増資を行うというようなことで、何とか対応しようと努力をした。その増資に、いわゆるＳＷＦ（政府系ファンド）とかが応じるということで、何とか乗り切れるという感じがむしろありました。

池田◆そのころＦＥＤのベン・バーナンキ議長が議会で、これはもう不動産だけの問題じゃなくて、すべての資産の格付の不信を招いて市場を崩壊させるおそれがあると証言しています。バーナンキはさすがに二〇〇七年の一一月の段階で証言しているわけです。しかし、その段階では世の中で、まだそんなに大変なことになるという印象はあまりなかった。

注：アメリカの中央銀行である連邦準備理事会（Federal Reserve Board）のこと。日本では、しばしばＦＲＢと略記されるが、アメリカ（および他の英語圏）では、最初の Federal の冒頭3文字をとってＦＥＤ（フェッド）と愛称的に呼ぶことが圧倒的に多い。本書でも国際標準のＦＥＤという表現を用いることにする。

池尾◆繰り返しになりますが、ＦＥＤが何とかしてくれるだろうという薄められたモラルハザードが金融関係者の間に蔓延していたわけです。私もそれに染まっていなかったと言うつもりはない。大手金融機関は自ら増資をしたりして対応したけれども、大手投資銀行五社のうちの一番下のベアー・スターンズが資金繰りに窮して、最終的にＦＥＤが斡旋する形で二〇〇八年三月、ＪＰモルガンに救済合併された。

これでみんなほっとした感じになった。大変だったけれども最悪期を脱したのではないか、サブプライムローン問題もこれで収束かというムードが二〇〇八年春にはあった。ところが、不安に駆られて取り付けに走った投資家は、その後も戻ってこない。従来と同じような形で資金供給に応じるということは起こらなくて、レポ市場だとかＡＢＣＰ市場だとか、そういうマーケットが、事実上、消滅するような状態がその後も続いた。

その過程で、サブプライム以外にも問題があることがだんだん露呈してきた。ヘッジファンドや投資銀行が投資家に隠れた形でかなりのリスクテイクを行って、見かけの収益をかさ上げしたりしていたことが、だんだん明らかになってきます。その結果、いっとき平穏だったのが二〇〇八年夏から一挙に危機が再燃して拡大していくわけです。

投資家に隠れてリスクを取って収益をかさ上げしていた典型例が、**CDS**の取引です。ＣＤＳは、本質的には倒産保険なわけです。プレミアムをもらう代わりに倒産のときには損失を補塡する。保険であれば、もらったプレミアムを全部自分のポケットに入れていいわけじゃない。将来の事故に備えて、換言すると保険金を支払う可能性に備えて、責任準備金の形でもらったプレミアムのかなりの部分は積み立てておかなきゃいけないはずです。

それを倒産保険であるにもかかわらず、スワップ取引なのだからということで、もらったプレミアムを準備金として積み立てず、全部収入であるかのように計上していた。それはスワップだからということで、会計上の処理としては違法ではなかったとしても、将来の損失が発生するかもしれないところには目をつぶって収益をかさ上げする、収益の先取り行為にほかなりません。

そうした類のことが経済の状況が悪くなってくると表面化する。CDSで実際に保険金を払わなきゃいけない事態が起きると、あらかじめ準備金を積んでいないために、資本を取り崩したりしないと対応できない。CDSの場合、保険の提供のことをプロテクションという言い方をしますけれど、もっぱらプロテクションを売る側に回っていたAIGとかは、保険金の支払いをしなきゃいけない負担に耐えかねるような形で経営悪化に追い込まれてしまいます。

池田◆二〇〇七年の秋ぐらいの段階では、世の中には、サブプライムローン自体は残高としては世界の証券市場の一%ぐらいだから、規模は限られているので、そんなにあわてる必要はないという意見もあったわけです。むしろバーナンキが、いや大変だと言っていたぐらいでした。いまだによく分からないのは、マーケットの一%程度のマイナーなものが、ここまで不安を拡大したということは、もともと潜在的には怪しげなことをやっていたのが、これをきっかけに調べてみると、ボロボロ出てきたということですか。

池尾◆と思いますね。サブプライムの損失については、損失自体はマネージ可能な金額だと思います。先に、日本のバブル崩壊との相違点として、バブル崩壊が起こったときの金融システムのあり方が違うということを言いました。日本は単純な金融システムの下で、巨大な損失が発生する形のバブルの崩壊だったわけです。

アメリカの場合、住宅ローンバブルの崩壊だけを考えれば、損失は大きいと言えば大きいけれども、限定的な損失です。しかし、それが非常に複雑で高度な市場型金融システムの下で起こった。損失が負担しきれないということよりも、価格が発見できない、適正価格が見いだせないというのが問題の本質です。ただし、サブプライム以外にも、先に述べたように隠れたリスクテイキングが非常に広範囲にわたって行われていた。

■金融工学に絶対はない

池田◆不動産業者も、コアの問題は古典的なバブルだったと総括しています。ちょっと前のＩＴバブルみたいに株式（エクイティ）だと、株券が紙切れになるだけで、傷は浅いわけです。それが今度みたいにひどいことになったのは、もっぱら債務（デット）で資金調達したことと、証券化によってリスクが見えにくくなったのが原因だと言われていますね。

池尾◆エクイティで起きた危機の場合、株価暴落によって株式が紙切れになるだけです。クレジット——逆からみると債務——は値洗い（マーク・トゥ・マーケット）されず、資産が半分になっても債務の額はそのまま残る。日本の不良債権問題が長引いたのは、そのためです。今回の危機が単なるエクイティマーケットで起きた危機ではなく、クレジットクライシスであるということ自体が重症にならざるを得ないゆえんです。

池田◆今回の問題には、レバレッジ（債務）がアメリカ経済で非常に大きくなっていたというのが、その背景にあります。投資銀行は自己資本の数十倍の債務を負っていた。レバレッジをかけるというのは、金融技術のテクニックでもあるわけですね。

池尾◆投資から上がってくる収益の率に比べて借り入れのコストが低ければ、自己資金の割合をできるだけ小さくして、借り入れに頼る度合いを高めて投資すれば、その借り入れコストと投資からの収益率の差額を、全部、自分の利益にできます。

自分の利益になる割合が高く、自分のお金が少なければ、自分のお金に対する収益率は高くなります。自分のお金で全部やっているときよりも、自分のお金が半分、借り入れが半分の方が収益率を高くできます。さらに、自分のお金一に対して借り入れが三〇だとすると、三〇の部分の投資収益と借り入れコストの差額を全部自分の利益にでき、きわめて高い収益率を自己資本に対してもたらすことができるという話になります。

しかし、それはリスクと裏腹で、逆にもし投資から上がってくる収益率が借り入れコストを下回ったりすると、その逆ざや分は全部、自分のところで引き受けなきゃいけなくなります。この意味で、投資収益率が必ず借り入れコストを上回るだけの利益が上がるのだということがない限り、レバレッジは、ものすごく怖いことでもあるけれども、儲かっているからと高をくっていたということでしょう。

池田◆例えば一〇年前のＬＴＣＭもそうですけれども、理論的には絶対に確実にさやを取れるという、金融工学上の計算で、もう一〇〇％近く絶対儲かるから、いくらレバレッジをかけても大丈夫だという錯覚があったのではないでしょうか。

池尾◆しかし、まともに金融工学をやっていれば、一〇〇％大丈夫だという話はどこからも出てこないし、あり得ないことは分かるはずです。もちろん九九・九％大丈夫だという話は出てくるけれども、九九・九％大丈夫という話と一〇〇％大丈夫という話は、質的にはすごい落差があることです。量的にはたった〇・一％の差かもしれないけれども、一〇〇％というのと、そうじゃないというのは全然違う。金融工学は一〇〇%の保証なんかしません（笑い）。

格付会社の責任

池田◆他方、リスクが見えなくなっても、建前では格付会社がちゃんとやっているという話に本来なっていたが、実際には違っていた。先週"Financial Shock"という本を買ったのですが、その著者がムーディーズのアナリストなのです。さすがに前書きに、今回の金融危機の責任の一部が当社にあることは否定できないので、この本の印税はすべて非営利組織に寄付すると書いてある。やはりムーディーズを含めて、格付会社がかなりいいかげんなことをやったことは否定できません。逆に言うと、お客さんが格付会社に依存していたことも問題ですね。

池尾◆そう。市場型の金融というか、英語ではアームズ・レングスという表現を使ったりもしますけれども、そういうタイプの金融取引ができるためには、しっかりした情報インフラが存在していないとだめなわけです。自分で全部調べないと取引できないという状況だと、多くの参加者を募った市場型の取引なんかできるわけがありません。

基本的な情報については何らかの形でパブリックに提供される仕組み、そういう情報インフラがしっかりしてないと、市場型の金融は成り立たない。その情報インフラの具体的な内容は、例えば企業によるディスクロージャー（情報開示）です。情報開示制度がちゃんとしていて、開示される情報の信頼性もちゃんと担保されている、あるいは格付のような仕組みが信用できるということがあって、はじめて市場型の金融が成り立つ。アメリカはそういう情報インフラをしっかりと構築してきたはずでした。

しかしその副作用として、格付会社の過去の実績はやっぱり信頼に足るものであったということで、投資家が格付の仕組みに非常に依存して取引をするようになっていった。その信頼というか、過去のレピュテーション（評判）をぶっ壊すようなことを結果的に格付会社がしてしまったということです。

池田◆今回の危機が表面化するきっかけも、二〇〇七年の七月一〇日にムーディーズとS＆Pがサブプライム証券の格付を大幅に引き下げたのが一番大きいわけですね。

池尾◆二〇〇一年のエンロン問題のときに、格付会社のあり方が一度問われたわけです。けれども、そのときはあまり根本的な問題にはならないでやり過ごされてしまった。そうしたこともあって、今回はやっぱり格付会社のビジネスモデルが改めて問い直されざるを得ません。格付会社のあり方を含めた市場の情報インフラをどのように再構築するのかというのが、今後の大きな課題の一つだと思います。市場の情報インフラが壊れてしまったので、こんなふうな事態になってしまっているわけです。

その3 リーマン・ブラザーズの破綻以降

史上最大の倒産

池田◆二〇〇八年三月のベアー・スターンズ救済で、いったん落ち着いたという印象がありました。しかし、実はこの段階で次の候補はリーマン・ブラザーズだという話は出ていて、ベアー・スターンズの破綻のあと、リーマンの株価が半分に下がりました。彼らのレバレッジは三〇倍を超えていて、きわめて危険な水準だった。

その後、リーマンはいろいろな銀行に身売りの交渉をしますが、どれも不調に終わる。そして最終的に残ったバンク・オブ・アメリカが、リーマンの買収には公的支援が得られないということで、代わりにメリルリンチを買収しました。これで買収交渉が行き詰まって、リーマンが九月一五日に破産申請をする。これが予想以上に大きなパニックを引き起こして、金融危機がグローバルに拡大しました。

池尾◆リーマン・ブラザーズ破綻は、後知恵的には、あれをきっかけに一挙に危機が深まったということになっている。事実関係としては、確かにそうだと思います。ただし、リーマン・ブラザーズを破綻させないで救済していたらよかったのかというと、それは歴史のイフ（ｉｆ）だから、よく分からないところがある。

ベアー・スターンズを救済したのに、どうしてリーマンを破綻させたのかということに関するアメリカ当局側の説明というか理由付けは、ベアー・スターンズが破綻したときには制度がなかったというわけです。ベアー・スターンズの破綻時には、ＦＥＤが投資銀行に対して最後の貸し手としての機能を発揮できる仕組みは存在していなかった。最後の貸し手としてのＦＥＤの機能は、あくまで商業銀行に対するもので、証券会社に対してはそうした機能は果たせなかった。

ところが、ベアー・スターンズの件があったことから、**プライマリーディーラー**に対しても、ちゃんとローンファシリティを提供しますと、最後の貸し手としての窓口をつくった。それが、**ＰＤＣＦ**と呼ばれている仕組みです。そういう制度整備をしたから、それ以後の問題については、もっと原則的な対応をしますということで、リーマンについては証券会社なのだから、その破綻がシステミックリスクにつながるものではないがゆえに破綻させたという説明になっています。

ところが、リーマン・ブラザーズはこの時点で証券会社というよりは、自分で大きなポジションを持った銀行というか、少なくとも銀行もどきと言った方がいい存在になっていました。それを破綻させたことは、事実の問題として、単なるブローカー業務を中心とする証券会社の破綻とは全然違う大きなショックを、ある意味でシステミックなショックをアメリカの金融システムに及ぼしたわけです。

とくにリーマン・ブラザーズは、CP市場での非常に大きなプレーヤーだったことから、この破綻はさらにCP市場などの機能不全を深刻化させることにつながりました。

池田◆リーマンを破綻させたとき、ポールソン財務長官が「救済することは一度も考えなかった」と自信を持って断言したのが印象に残っています。ところが、この直後にAIGの株価が暴落して一ドルになり、FEDが八五〇億ドルの緊急融資を行った。総資産三五〇〇億ドルのベアー・スターンズをFEDが緊急融資して買収を支援したのに、六四〇〇億ドルのリーマンの買収は支援しないで破綻させ、その後AIGに緊急融資を行って救済するという首尾一貫しない政策が市場を混乱させて、パニックを広げた面もあります。

池尾◆そこには現代の金融の実像と観念の相違のようなものが見て取れます。昔の認識だと、銀行、証券、保険という確たる区別があった。銀行は信用創造を担っているし、預金者保護という大義名分があるからセーフティネットでカバーしないといけない。同じように保険会社も保険契約者保護があってカバーしなきゃいけない。でも、ブローカー業務の証券会社は破綻しても一般事業会社の破綻と同じだという観念がありました。

そういう観念が顔を出したような気がしないでもない。ただ、ＡＩＧの場合は、ＣＤＳに代表されるクレジットデリバティブ関係の取引のハブのような存在になっていました。それを破綻させると、それこそ取り返しがつかなくなるという認識が先行したのだろうと思います。

もっとも、ＡＩＧは救済されたと言われるけれども、政府管理下に置いて時間をかけて清算していくということで、最終的には私はなくなると思っています。最後に残ったのがどこかに売却されて、名前が続いて業務を継続するかもしれないが、実質的には時間をかけて解きほぐして清算していって、だんだん消滅させていくということでしょう。

池田◈でも新聞の見出しでは、リーマンは破産（バンクラプシー）、ＡＩＧは救済（ベイルアウト）となっちゃう。リーマンは裁判所で資産を清算し、ＡＩＧもちょっと時間をかけて政府が清算するだけで、実態はそんなに違わないかもしれないけど、情報のない一般投資家にとっては、破産と救済では天と地ほど違う。裁判所に駆け込むのと政府に駆け込むのが全然違う言葉になっちゃうところに、今回の危機の一つの原因があったような気もします。心理の問題というのは、プロが考えているよりずっと大きいわけで、それをアメリカの当局も、ちゃんと配慮しなかったんじゃないでしょうか。

池尾◈心理の問題は本当に大きなファクターで、おっしゃったように配慮すべきなのだけれども、同時に政府とかによってはコントロールし難いファクターでもある。レポ市場とかに資金を出していた投資家は、そういう意味で言うと、あんまりソフィスティケート（洗練）された投資家じゃないから、そういう投資家の心理に与えた悪影響というのは、かなりボディーブローのように効いたと思います。

池田◆今回の問題がグリーンスパン元議長のいう「一〇〇年に一度」の危機に発展した原因は、不良資産というのも確かに大きいのだけど、情報とか心理とか、あまり今までプロの人々が真剣に考えてこなかった部分の影響が相当大きいというのが特徴なんじゃないかなという気がしますね。

■──アメリカの対応と日本の教訓

池尾◆バブルが起きて崩壊したというのは、単純な事実で日米共通した事実かもしれないけど、金融システムが違うという話をずっとしてきました。その結果、アメリカが直面しているのは、高度かつ複雑な市場機構が壊れたときに、いかにして高度かつ複雑な市場機構の機能を回復させるかという課題です。その課題に関して言うと、日本の経験なんか何の役にも立たない。

日本には高度かつ複雑な市場機構なんかなかったし、いまもありません。それが潰れて立て直したわけでも何でもなくて、非常に単純な金融システムの下で問題に取り組んだ経験しかない。いったん潰れた後に高度かつ複雑な市場機構の機能回復をどうやって実現させるのかというのは、ある意味で誰も経験したことのない初めての課題と言っていいわけです。要するに、アメリカは金融最先進国だったわけで、最も金融市場のメカニズムを発展させていた。それが壊れちゃったとき、どうやって再建するのかというのは、誰も経験したことのない未踏の領域の課題だと思います。

アメリカの政策担当者にしても世界中の誰でも、どうすれば再建できるかなんていうことについては分かってない。だから、いまは時間稼ぎをしている。それが正直なところだと思います。FEDが自分のバランスシートを使ってリスク資産を買い上げ、しばらく塩漬けにすることで、市場機構の回復のチャンスを待つ。そういうことをやっているのだと思います。

池田◆AIGの後、こういうアドホックな処理ではまずいということで、連邦政府が二〇〇八年九月末に、七〇〇〇億ドルの資金を使って金融機関の問題債権を買い取る「緊急経済安定化法」を議会に提案しました。ところが下院がこの法案を否決し、これに株式市場が驚いて、ダウ平均株価が一日で七七七ドル値下がりするという史上最大の暴落が起こる。これをきっかけにして世界中で株価が暴落し、危機が一挙に欧州や日本、それに新興国に波及します。

私の印象では、財務省もFEDも、不良債権処理に手間どって問題を拡大した日本の轍を踏まないように意識して、非常に迅速に危機に対応したと思いますが、いかんせん議会が危機の深刻さを理解していなかった。その後、法案は修正して可決されますが、その後も議会のポピュリズムが危機管理の足を引っ張る。これは一一月に大統領選挙とともに議会選挙を控えていたことから、有権者の反対が強かったという面も大きいのでしょう。

池尾◆金融危機への政治的対応というのは、民主主義的な体制とは矛盾しかねないような難しさがあります。例えば、公的資金の投入を国民に認めてもらうためには、いかに金融危機が深刻な状態にあるかを説明しなければなりませんが、公的資金の投入を含む危機解決の準備が整っていない段階で、一国の政治的責任者が、金融危機が深刻であると明言してしまうと、それこそパニックの引き金を引くことになりかねません。

責任ある政治家が金融は危機的状態にあると言ってよいのは、それに対処する万全の準備が整った後でしかない。逆にいうと、そうした対処の準備を金融が危機的状態にあると言い切ることなく進めなければならない。これは、ジレンマにほかなりません。

池田◆ただし短期的な対応という点では、アメリカはよくやったと思います。まず日本がバブル崩壊のあと金融を引き締めて失敗した教訓に学んで、大量の資金を市場に供給した。かつての大恐慌のときとの比較で言うと、一九三〇年代には流動性の制約をあまり考えないで、いわゆる清算主義的な政策をＦＥＤが取って銀行がバタバタつぶれた。それに比べれば中央銀行は進歩していて、こういうときには徹底して緩和的な金融政策を取らなきゃいけないという教訓は学んだわけです。

池尾◈しかし、そうした短期的対応を続けているだけでは、問題の根本的な解決が実現するという保証はありません。くどいですが、繰り返すと、今回のアメリカの場合には、市場機構の機能を回復させないと問題は解決しないのです。ただし、そのためどうすればいいのかは、全然分からないから、かなり試行錯誤になっています。

知ったかぶりをして、アメリカ当局の対応ぶりが支離滅裂だとか批判する人もいるけれども、支離滅裂じゃなく、どういう一貫した戦略を取れば、高度かつ複雑な市場機構が再構築できるのかを知っているなら教えてほしい（笑い）。

また、資本注入に当たって厳格な資産査定をやるべきだ、それが日本の教訓だと言う人がいます。厳格な資産査定がすぐにやれるぐらいだったらこんな苦労はしていない。市場が機能停止して、価格を見つけることができないところに問題の本質があるのに、徹底した資産査定をやるとかいうのは、単純な貸出債権を抱えているようなケースと問題を混同しているとしか思えません。日本の金融機関は単に貸出先に融資していただけだから、貸出先の経営状況とかに立ち戻れば、ＤＣＦ法で貸出債権の価値を評価できました。それと同じ調子で今回のアメリカの抱える問題を考えるのは、事実認識として間違っています。

■―財政政策と会計基準

池田◆いまアメリカ当局は、非伝統的な金融政策（第5講を参照のこと）を実施するとともに、財政刺激も採用しようとしている。ただ、金利がゼロ近くに低下して常識的な金融政策が効かないから、財政しか残ってないということは事実だけど、財政政策をやって効くという根拠は弱い。ＩＭＦ（国際通貨基金）の世界経済見通しでも大して役に立たないとか、だいたい財政政策についてはネガティブな評価しか出ていません。

池尾◆それはそうで、今回の金融危機の直前までは、財政政策なんか効かないというか、財政政策を裁量的に景気対策として使うなんてナンセンスだということが経済学者の中ではほとんどコンセンサスになっていました。ところが、最近になって急に財政刺激を支持する声が大きくなってきた。

しかし、その支持理由は、今回の景気後退は従来にない大規模なものであることと、金融政策の追加的有効性が乏しいとみられるということなのですね。逆にいうと、裁量的な財政政策が景気対策として有効であるという新たな証拠が得られたわけでは全くないのです。実際、二〇〇八年春に実施された財政刺激も、所期の効果を上げなかったとみられています。

池田◆アメリカの政策当局は、目の前でこうなっているから、何もやりませんと言うわけにいかない。せめて財政政策をやってみたらというぐらいの話じゃないですか。私は本当に効くかどうか、かなり怪しいと思います。

池尾◆ただし、財政出動というのも、ケインズ的な文脈で必ずしもとらえている人ばかりじゃなくて、リスクシェアリング機構としての政府みたいな理解があって、やっぱり何かネガティブショックに襲われたときには、そのショックを最終的に吸収してやるのは政府の役割でしょうということです。要するに、事後的に保険機能を果たすみたいな感じで、今回のショックで非常に困った状況に置かれた人にいわば保険金を払ってあげるのだということですね。そういう政府の事後的なリスクシェアリング機能の発揮として、財政支出を考えている人もアメリカではわりと多いと思いますね。

池田◆なお短期的対応の方になりますが、時価会計についても凍結するということについて賛否両論ありますね。

池尾◆日本では時価会計という言い方をして、時価会計でなければ簿価だという発想があります。これは認識として不正確なところがあって、公正価値会計という言い方が正確です。フェアバリュー・アカウンティング。要するに、フェアバリュー（公正価値）で評価するということがベストだという考え方なわけです。

それでは、フェアバリューというのは、いったい何なんだというところが問題になります。しっかりとした流通市場があって、そこで日々取引されているような金融商品については、そのマーケットで付いている市場価格、すなわち時価が公正価値だと考えられます。第一原則は、流通市場がある金融商品については時価が公正価値だというものです。

ところが、あらゆる金融商品に流通市場が完備しているわけじゃない。流通市場がなくて時価が使えない場合、似たような商品の時価を参照して付ける、評価するというのが公正価値の二番目のやり方です。それもできないときには、何らかの理論モデルでの計算に基づいて公正価値を弾き出すことになっています。

これまで証券化商品については流通市場がありました。それゆえ、そこで付いた時価を公正価値として評価していた。しかし、市場が機能停止して消滅したような状態になったとき、時価といわれても困るという話になっているわけです。いま市場ではほとんど取引が成立していないから、取引事例というとファイア・セール・プライス、つまり投げ売り価格になってしまう。それは、公正価値ではないだろうという話です。時価じゃなくて簿価を使っていいなんていう話ではありません。

投げ売り価格は公正価値ではないとすると、類似の商品の時価を使って評価する二番目のやり方として、サブプライムローン関係の証券化商品だったらＡＢＸという指数を参照するというのが考えられます。その指数をもとに個々の商品について評価することができるのではないか。それも信頼性がないとなれば、理論価格、要するに一定の計算式に基づく算定値を認めてもいいのではないか、といった議論をしています。繰り返しますが、時価をやめて簿価にしようという議論ではありません。

第2講

世界的不均衡の拡大：危機の来し方①

――一九八七年、一九九七年、二〇〇七年までの節目を振り返る――

池尾◆これだけの規模の金融危機の場合、最低三〇年ぐらいのタイムスパンで見ないと本当の意味とか位置付けは明らかになりません。チャールズ・R・モリスは『なぜ、アメリカ経済は崩壊に向かうのか』（**文献1**）の中で、やはり三〇年ぐらいのタイムスパンで考えるべきだと主張しています。モリスの場合、リベラル派と保守派という対極に立つ経済思潮が三〇年周期で交代するような形でアメリカの社会経済が進んできたという歴史観、と言うには大げさかもしれないが、経験則みたいなものがあります。

リベラル派にせよ保守派にせよ、登場したてのときは清新で、すなわち清く新しくていいわけだけれども、それが二〇年、三〇年と続くと、だんだん劣化するというかおかしくなって、弊害が多くなってくる。すると、その弊害を是正するということで、保守派が主流であれば、それに代わってリベラル派が登場する。このリベラル派も登場したときは清く新しくていいのだけれども、数十年続くとやっぱりおかしくなって、それを否定する形で保守派が登場すると、モリスは言っています。

そういう意味で言うと、今回の経済危機は、保守派の支配していた時代が終わってリベラル派へと移行する歴史的転換点に当たる、そうした移行の契機になるものとしてとらえるべきだという。金融危機が起こった原因自体も、要するに保守派的な経済政策が長く続いた中でだんだんおかしくなってきて、そのとがの累積の結果だということをモリスは言っています。

オバマが当選するかなり前に出版された本なのだけれども、オバマの地滑り的勝利とかを見ると、モリスのいう経験則もあながち的外れではないと思えてきます。そういうことで、われわれも三〇年ぐらいのタイムスパンで振り返って今回の危機の背景とか位置付けを考えたい。したがって、今回の講義では、この三〇年間の経済全般というか、大きな経済の流れについて取り上げたいと思います。

池田◆モリスは、昔『コンピュータ・ウォーズ』という情報産業の歴史についての有名な本を書いた人で、この本も一種のアメリカ歴史物語ですね。

その1 長期不況：一九七〇年代末〜一九八七年

――大インフレ期から大平穏期へ

池尾◆この三〇年は、さらに一〇年ずつ三つのフェーズに分けてとらえることができます。ただし、節目になるのが一九八七年（ブラックマンデー）とか、一九九七年（アジア通貨危機）、二〇〇七年（サブプライム危機）だから、八〇年代、九〇年代というのとはちょっとずれる感じで、一九七〇年代の後半から一九八七年までの一〇年間が最初の一〇年になります。この最初の一〇年は、一言でいうとアメリカが長期不況に苦しんでいた時期ということになります。

戦後の一九五〇年代、六〇年代のアメリカは黄金の時代だと言われ、繁栄を極めました。しかし、ベトナム戦争にのめり込んだりしたこともあって、七〇年代になるとだんだんおかしくなってきて、七〇年代の終わりはかなり悲惨な状況になっていました。

この時期、七〇年代の終わりから八〇年代初頭ぐらいの時期をグレートインフレーション（Great Inflation）と呼んだりします。一九三〇年代の大恐慌をグレートデプレッション（Great Depression）と呼ぶのは非常にポピュラーで一般にもよく知られていると思うけれども、それに比べると、一般の人までそういうふうな言い方をするかどうか分からないが、[注]経済学者の間では七〇年代の終わりから八〇年代初頭は大インフレ期と呼ばれています。

インフレが激しい時期だったというだけではなくて、七〇年代全体を見ると、経済活動が停滞し、労働生産性がほとんど上昇しないような「失われた一〇年間」でした。この原因は何かというところまで話していると長くなるので省略しますけれども、労働生産性が一〇年間ほとんど伸びなかった。だから、こんな調子でいくと、子供の世代は親の世代よりもひょっとすると貧しくなるんじゃないかと言われました。アメリカという国では、子供の方が親より豊かで、孫はもっと豊かになる

注：最近、*The Great Inflation and Its Aftermath* というタイトルの本が出版され、ニューヨーク・タイムズの書評欄で取り上げられていたりする。

と信じられてきた。そういう意味で右肩上がりでずっと来たんだけれども、どうもそれが終わって子供の方が貧しくなる可能性すらあるんじゃないか、となった。

七〇年代の最後の四年間の大統領はカーターでした。カーターは当選したときは人気があったと思うのだけれども、経済状況が悲惨になったため、大統領再選を狙った頃には非常に不人気になっていました。ＡＢＣ（Anybody But Carter）と、カーター以外だったら誰でもいいと言われるぐらいの悲惨な状況にアメリカはありました。

それで民主党のカーターは再選に失敗し、一九八一年以後、政権は共和党のレーガンに移ります。レーガン大統領はそういう悲惨な状況を打破しようということで、思い切った経済政策を取りました。それが、いわゆるサプライサイド・エコノミクス、サプライサイド・ポリシーです。

レーガン政権以前の経済政策は、基本的な考え方としてケインズ経済学に基づくものだったわけです。ケインズ経済学は需要サイドの経済学なわけで、需要面、有効需要をいかにコントロールするかに力点を置いた経済政策の運営でした。サプライサイドの政策は、それに対するアンチテーゼだといえます。サプライサイドを重視する政策をやって、サプライサイドを強くするために減税をするわけです。

ただし、その減税に関しては、実はサプライサイド・ポリシーと言いながら、実質的には大規模なケインズ政策をやったことになるのではないかという評価もあります。

また、当時、大インフレもあってドルの信認が落ちていました。信認を回復するためにも強いドルがアメリカの利益だということを、この頃から盛んに言うようになってドル高政策を取るわけです。その結果、経常収支は大幅な赤字になりました。現時点のアメリカの経常収支の赤字規模からすると、レーガン政権当時の赤字はかわいいものだったのかもしれませんが、それ以前に比べると赤字幅は急拡大しました。

それでも政権一期目は、ぶれてはいけないということか、方針を変えなかった。再選を果たした後はさすがに経常収支の赤字幅拡大は放置できないということで、一九八五年にプラザ合意で為替レートに関して見直しが行われました。日本はプラザ合意以降、バブル経済に突き進むわけですけれども、あまり知られていないかもしれないが、プラザ合意以降、つまり一九八五年から二〇〇五年ぐらいまでの二〇年間、アメリカはマクロ的には経済変動が非常に小さくなった時期を迎えます。非常に安定した経済状況になります。

この時期については、グレートモデレーション（Great Moderation、大平穏）という呼び方をしています。過去には大恐慌があって、大インフレがあったわけですけれども、大インフレの後は大平穏の二〇年間になった。マクロ的には経済活動の安定性が高い時期を迎えます。

この二〇年間、マクロ的に平穏な状況が続いたということが、今回の金融危機を考える際に背景として大きい要素の一つだと私は思っています。やはり二〇年間繁栄が続くと、人は非常に楽観的になって、リスクを過小評価するようになります。一言でいうとリスクプレミアムがすごく下がるわけです。とにかく、結果的にリスクに対して要求する価格（プレミアム）が低くなりました。そういうのが一つあるのではないか。

■――一九八〇年代の「運命の逆転」

池田◆池尾さんの専門の金融が今回の問題のコアですけれど、私のように実体経済を見てきた立場からいうと、一九八〇年代というのは、アメリカはどんどんだめになって、日本が世界一だと言われた時期です。マクロ的には平穏かもしれないけれども、アメリカの産業はかなり落ち込んで、七〇年代まで繁栄したツケが回ってきたというか、コングロマリット（多角化企業）のように企業が肥大化して資本効率がどんどん悪くなる。

それに対して八〇年代半ばから、LBO（レバレッジド・バイアウト）をはじめとして企業買収の嵐が吹き荒れるわけです。それが、今回の問題になっている投資銀行が経済の主人公として登場した最初です。そのころは産業構造的にみると、巨大企業の時代だった。アルフレッド・チャンドラーの言う「見える手」です。アダム・スミスは「見えざる手」、つまり市場メカニズムで経済は動くと言ったわけですけれども、チャンドラーはそうじゃなくて、巨大企業の見える手で経済はコントロールされていくんだと言った。

二〇世紀の前半ぐらいはそう言ってもいい状況があったのですが、一九八〇年代には、その見える手による巨大企業中心の経済システムが行き詰まりを見せて、規模が大きくなりすぎた企業をバラして効率を高めようという動きが起こってくるわけです。そういう変化を主導したのが投資銀行でした。資本市場で企業をいわば物としてやりとりするとか、金融契約を証券化するとか、コーポレートガバナンスの形が変わった時期というのが私の目から見た八〇年代です。

池尾◆池田さんの言うように、八〇年代はまだ低迷しているという感じだったんだけれども、認識と実態というのはしばしばずれることがあります。いまから振り返ると、八〇年代後半からの二〇年間は繁栄の時代だったという評価になります。同時代的には八〇年代後半は、アメリカ人はまだ自信を回復していないし、日本人は何か自信満々だった（笑い）。

池田◆お恥ずかしい話だけど、私はそのころＮＨＫに勤務していて、日本の不動産業者が海外の不動産を買いあさるとか、そういうのを取材していた。日本はこれから世界を制覇するんじゃないかみたいにアメリカでも騒がれていたし、日本人もそう思っていた時期があったわけです。しかし実は、八〇年代にアメリカ経済は大きな変革を遂げ、日本は変化に立ち遅れた。ここで「運命の逆転」が起こっていたのです。

池尾◆繰り返しになるけれど、認識と実態の変化はちょっとずれています。同時代的には認識されない実態の動きを後知恵では認識できる。それが後知恵の有利さだと思いますけれども、八〇年代後半ぐらいからアメリカに復活の兆しが出てきます。その復活の兆しをつくるのに大きな貢献をしたのは、一九七九年から一九八七年までＦＥＤ（米連邦準備理事会）議長を務めていたポール・ボルカーだと思います。

先ほども言ったように、七〇年代後半から八〇年代初頭のアメリカは大インフレーション時代でした。そのインフレーションを抑え込み、収束させるという点においてボルカーは非常に大きな貢献をしました。ただし、そのための犠牲も大きかった。

金融政策というのは通常、金利コントロールです。ターゲット水準を設けて金利を誘導し、その金利水準で需要と供給が一致するように資金を受動的に供給するというものです。そういう伝統的な金利コントロールのやり方をいったん放棄してというか、放棄したふりをしてと言った方が本当は正確だと思うのですけれども、金融引き締めを行ったので、短期金利が十数％まではね上がることもありました。ＦＥＤが誘導目標にしているのはＦＦレートと呼ばれる短期金利ですけれども、それが二〇％といった水準になることすら容認する形で、インフレーションを抑え込むための取り組みをした。

当然、景気後退を引き起こしたことから、ボルカーに対する批判はきわめて強かった。それでもレーガン大統領はボルカーを守った。その点で、レーガンは偉かったと言えるかもしれません。ボルカーはその信認に応えて、きわめて果敢にインフレーションの抑制に取り組み、結果的に成功して、それ以後のアメリカ経済の持続的拡張の基盤を形成することになりました。

繰り返すと、犠牲というかコストも大きく、金利が非常に高騰したことで、後述するS&Lの危機につながった。しかし、ボルカーがインフレを退治した結果、その後のアメリカ経済の持続的拡張が可能になった。これがこの時期かなと思いますね。

池田◆最初に池尾さんの話にあった三〇年サイクルで民主党と共和党が交代しているという感じから言うと、ボルカーの政策というのはマネタリストの政策というふうに考えていいんですか。

池尾◆リベラルと保守なんだけれども、政権の民主党と共和党とは必ずしも一致しません。例えば、カーターまでがリベラリズムの時代だったわけで、一九八一年のレーガン政権からコンサバティブの時代になります。ただし、一九九三年からのクリントン政権は民主党の政権ですが、経済政策としてはコンサバティブな、どちらかというと保守派的な政策を取ります。逆に、カーター政権以前のリベラル期にも共和党政権はあったが、共和党政権といっても大きな政府的な政策を取っていて、必ずしも経済思潮と政権は一致していません。

経済政策の傾向としてリベラリズムと保守の転換があって、あえて言えばケインズ経済学的な経済政策に対して古典派的というかマネタリスト的な経済政策というふうな転換でもある。ボルカーは必ずしもマネタリストというレッテルがふさわしい人物だとは思いませんが、マネタリスト的といえばマネタリスト的な金融政策を取りました。

■ケインズ経済学は七〇年代に死んだ

池田◆経済学の中の考え方の変化も、同じころ出てきていると思うのです。池尾さんも私も大学で同じ時期に経済学を勉強したわけですけど、われわれが学部で経済学を学んだころはマクロ経済学といえばケインズ理論しかなかった。ところが私は一九七八年に卒業したのですけど、そのあたりから若干感じが変わってきました。

一九七四年にフリードリヒ・ハイエクが、七六年にはミルトン・フリードマンがノーベル経済学賞を受賞しました。他方、大学院ではもうケインズ理論というのはなくなって、マクロ経済学の教科書は**合理的期待仮説**の本になっていた。**IS-LM**の枠組みで論文を書く人はほとんどいなくなったというのが、七〇年の後半ぐらいの状況でした。

ところが世間の経済学のとらえ方はそこから二〇年ぐらいずれていて、それが今のいろんな混乱の原因になっていると思います。いまだに「ケインジアン対マネタリスト」みたいな図式で語る人がいるけど、そんな対立はもうない。七〇年代まではかろうじてあったかもしれないけど、八〇年以降は少なくとも学問の世界では、そんな対立はありません。

池尾◆その点は経済思潮の変遷として第5講で改めて論じる予定なので、いまは簡単に言っておくにとどめますが、戦後の一九五〇年代から六〇年代ぐらいまでは圧倒的にケインズ経済学が支配的な時期で、実際の経済政策に関してもアメリカでは非常にケインジアンの影響が強かった。それを変えたのが、大インフレです。

要するに、七〇年代に二回にわたって石油ショックというサプライサイドからのネガティブな（負の）ショックが加わった。それに、ケインズ型の経済政策でアメリカやヨーロッパは立ち向かった。その結果、大変悲惨な事態に陥った。いわゆる**スタグフレーション**を引き起こしてしまいました。だから、アメリカとかヨーロッパの場合は、一般の人も大変な目に遭ったという記憶がありますから、ケインズ経済学に対する信認は、アメリカでは学者の間だけじゃなくて、世間一般でも低い。

ところが、日本は幸か不幸か第二次オイルショックをうまく乗り切った。というか、日本はケインズ政策を実はあまりやったことがなかった。まだキャッチアップ型の経済だったこともあって、ケインズ政策をやらなくてはいけないような局面というか必要性は八〇年代以前にはあまりなかった。本格的なケインズ政策は、日本の場合は八〇年代の後半以降に実施されました。だから、オイルショックのころはケインズ政策をそもそもやっていない。だから、日本の場合はケインズ政策で大変な目に遭ったという記憶がないため、いまでもケインズ経済学に対する支持が草の根的に存在しています。これは非常に特異なことだと思います。

池田◆私は、そのずれがいまの日本の政策を考える上で重要だと思います。フリードマンの有名なアメリカ経済学会の会長講演が、一九六八年に発表された（**文献２**）。これは「**自然失業率**」という理論で、そこから流れが変わったわけです。フリードマンは見事にケインズ経済学を否定して、経済学者はみんなびっくりした。そこに若い人たちが合流して、ケインズ経済学はだめだという合理的期待仮説が一挙に出てきた。

ところが日本でそういうものを知っていたのは、英語の論文を読める経済学者や学生だけで、他はまったくそういうのを教えていなかったし、ましてや一般の人は知らなかった。どうもそのずれがいまだに続いていて、「リフレ派」みたいな古いケインズ理論が新しいと勘違いされているような気がしますね。

池尾◆その通りだと思います。自己批判もしなきゃいけないことになりますけど、大学の経済学部のカリキュラムの内容も実は日本の場合は昔と全然変わっていなくて、いまだにIS-LM分析とかを教えているという時代錯誤的な状況があります。だから懲りるほど失敗をしなかったということが、そのころはよかったのかもしれないけれど、いまになってみると、若いころの苦労はやはりしておくべきだったということなのかもしれません。

池田◆それと日本の場合は、圧倒的に役所の影響力が強い。私は学部で浜田宏一さんのゼミにいたんですけど、そのころ浜田さんが批判していたのは、大蔵省（当時）の財政政策というのは均衡財政だから、景気の悪いときには増税をして景気がよくなったら減税をする。経済学の言葉でいうと、プロサイクリカル（循環増幅的）な政策だということでした。

それはその通りで、ケインズ理論からいうとまったくナンセンスな政策だけど、ある時期まではそういう大蔵省の台所財政が小さな政府を守ってきたという面がありました。ところが八〇年代後半から、よくも悪くも大蔵省の官僚たちもケインズ理論を勉強し始めると、財政赤字はそんなに悪いことじゃないらしいという話になってきて、九〇年代に財政赤字をものともせずに、巨額のケインズ的な財政支出をやりました。

しかし八〇年代から経済学では、ケインズ的な財政政策はスタグフレーションを招いてまずいというフリードマンの理論が優勢になっていて、政治的にもサッチャーとかレーガンが出てきて、反ケインズ的な政策が成功する。だから九〇年代には、世界の他の国ではもうそんなものはやめようということになっていたのに、日本は合計一〇〇兆円近い財政出動をやって、ほとんど何の足しにもならなかった。

池尾◆だから、どういうことを経験しているか、どういうことに懲りているかという面が大きいと思います。日本の場合は第二次世界大戦に負けて、戦後のハイパーインフレーションを経験します。戦時体制下で財政赤字が膨大な規模になっていて、それをファイナンスするために国債を発行した。戦時経済であった間は統制していたから、何とか物価上昇の圧力が表面化することを防いでいたけれども、敗戦とともにタガが外れてハイパーインフレーションになりました。

その経験から、財政赤字はものすごく大変なことで、悲惨な事態を招くものだという苦い経験を日本人はした。というか、そういう総括の仕方をしたわけで、だから均衡財政がずっと支持されてきました。だから、戦後のハイパーインフレーションの経験を持っている世代が生きていた間は均衡財政なわけです。逆にいうと、アメリカの場合はそういうことにならなかったから、五〇年代、六〇年代を通じてケインズ政策がすっと受け入れられてきた。

その意味で、確かに「勉強して」というのもあるのだけれども、むしろどういう大きな経済的経験をしてきたかということでずいぶん左右されると思います。

池田◆最終的には政治家が決めるわけだから、政治家の認識が大切なのだけれども、それがさらに大きくずれていると思うんです。おもしろかったのは、二〇〇八年八月の緊急総合対策を麻生首相は「景気対策を緊急に通さなければいけない」と言い、マスコミは「バラマキだ」と批判したけど、実は文書を読むと「有効需要創出を主目的とした財政出動は行わない」と書いてあります。つまり今では財務省の官僚も「有効需要創出」なんて言わないのだけど、政治家やマスコミはいまだにケインズの亡霊にとりつかれていて、「定額給付金」とか変な政策が出てくる。

その2
アメリカ経済の再活性化：一九八七年〜一九九七年

■──ブラックマンデー

池尾◆先に進むことにすると、ボルカーがインフレを退治し、そういう大きな功績を上げて退任して、FEDの議長がグリーンスパンに交代するわけです。これで、次の一〇年間ぐらいのフェーズに移ります。

グリーンスパンは一九八七年から二〇〇六年まで延べ一八年間、FEDの議長を務めました。一九八七年にボルカーに代わってFEDの議長になって早々、いわゆるブラックマンデーに遭遇します。ボルカーは非常に功績があって有名だったが、グリーンスパンはアメリカ社会の中でもあまり知られていない新米議長でした。その新米の議長がブラックマンデーを乗り切れるのかと世の中は心配したが、結果的にはうまく処理して、グリーンスパンの評価が固まっていくというか、高まっていく最初のきっかけになりました。

ブラックマンデーも金融危機の一つなので、ここで少し補足しておくことにします。ブラックマンデーは、ポートフォリオ・インシュランスという取引手法というか、投資戦略の「合成の誤謬」のような形で起きた危機だと現時点では理解されています。

株式を保有していると当然リスクがある。値上がりするかもしれないが、値下がりする可能性もあります。あまり値下がりをすると困るという場合、値下がりのリスクをヘッジするには、**プットオプション**を買っておけばヘッジできます。しかし、自分が保有しているポートフォリオにうまく対応するプットオプションを買えるとは限らない。そこで、先物と現物の資産をダイナミック（動的）に組み替えていくような投資戦略を取ることによって、プットオプションを買うのと同じ効果を上げる取引手法が考案されました。それが、ポートフォリオ・インシュランスと呼ばれるものです。

それを一人の投資家がやっているうちはいいが、何かのきっかけで全部の投資家が同じ戦略に従って投資行動を取ると大変なことになります。ポートフォリオ・インシュランスは、経済学でいう完全競争の仮定というか、小国の仮定のように一応、価格は与件になっています。大きなマーケットの中での一人の投資家であれば市場価格は与件でいい。市場価格を与件として、こういう投資戦略を取ればリスクはヘッジできるという話になっています。しかし、全員がそういう投資戦略を取ると、価格は所与ではなくなって、非常に大きなマーケットインパクトが発生します。そういう非常に大きなマーケットインパクトの結果として株価の急落が起こったというのが、ブラックマンデーだったと言われています。それをグリーンスパンは一応、手際よく処理したということです。

池田◆ＩＴ業界から見ても、ブラックマンデーというのは象徴的な出来事で、コンピュータで株を売買する「プログラム取引」が脚光を浴びた初めての事件でした。投資家だったら考えている時間があるけれど、プログラムというのは瞬時に取引を実行するので、連鎖的に同じようなプログラムが同じような取引を実行して、売りが売りを呼ぶ。そういう事件が起こったのが一つの原因と言われていますね。

池尾◆プットオプションを買うのと同じ経済効果を上げる投資戦略は、複雑なことをやらなきゃいけないわけで、手作業でやれるような話ではありません。だから、ある種のアルゴリズムに基づいてやるプログラム取引です。そういうことが可能になったからそういう投資戦略がはやるようになった、ということでもあると思います。

以後、アメリカ経済の再活性化が事実として進んだだけでなく、パーセプションとしてもだんだん認識されて、アメリカの復活がアメリカ人自身の自信としても表れてくる時期になると思います。それで、レーガン政権が二期続いて、一九八九年からはシニアの方のブッシュ政権になります。父ブッシュ政権はある意味で運の悪い政権でした。つまり八年間続いたレーガン政権が大胆なことをやって、それがアメリカの復興の礎を築いたとも言えるのだけれども、かなり大胆なことをやって、財政赤字も非常に野放図に拡大するような状況になっていたため、後始末をしなければならなかった。

だから、父ブッシュ政権はレーガン政権の後始末を宿題として抱えてやっていって、結果として税制改革を行って増税をすることになります。これが非常に政治的にはダメージになりました。というのは、ブッシュ・シニアは選挙のときに、「リード・マイ・リップス」――自分の唇の動きを読め、増税はしないと私は言っている――というようなことを言って当選したくせに、増税したという話になったわけです。

経済的には増税によって財政赤字を抑え込むことになり、長期金利の低下につながって、その後の持続的成長の基盤をつくることになりました。しかし、政治的には絶対増税しないと言って大統領選挙を戦ったくせに、大統領になったら増税したということで非常に不人気になって再選されず、民主党のクリントン政権になります。

繰り返しになりますが、クリントン政権を含めて、大きな枠組みとしては保守派的な経済政策の流れの中にあった三〇年間でした。レーガン、父ブッシュ、クリントン政権ぐらいまではよかった。全体の中でその前のやつを否定して、清新になることで繁栄を実現してということで、三〇年のうち三分の二ぐらいまでは、まあよかった。それが最後の一〇年で急速に劣化していきます。もっとはっきりした言い方をすると、変質や腐敗もどきのことが起きます。

■――情報産業の主役交代

池尾◆具体的にアメリカ経済の再活性化の原動力になったのは、ＩＴ産業と金融産業でした。金融産業については次の講義で議論をする予定です。そこで、アメリカ経済の再活性化の原動力の一つになったＩＴ産業の状況について、ちょっと話してください。

池田◆よく一九八〇年代のアメリカはだめだったと言われているのだけれども、ＩＴ産業の歴史で見ると、アメリカにとって一九八〇年代は重要な時期でした。それはＩＢＭに代表される巨大企業の時代が終わり、マイクロソフトに代表される個別の技術に専門化して、規模としては必ずしも大きくはないのだけれども非常に高い利益を上げるというタイプの企業が八〇年代に出てくるわけです。

当初は、マイクロソフトのソフトウエアはＩＢＭ‐ＰＣの付録みたいなものだったので、マイクロソフトがＩＢＭを倒すなんて誰も思っていなかった。後になってみると、みんなそんなものだろうと思うかもしれないけれども、今でも印象的で覚えているのは一九八五年頃に、アメリカのアナリストにインタビューしたときのことです。

「一〇年後のＩＴ産業はどうなるだろうか」と聞いたら、「それは私にも分からないけど、ただ一つ間違いないことがある」と言う。何かというと「ＩＢＭは依然としてナンバーワンだろう」（笑い）。それぐらい誰にも予想できない革命的な変化だった。

マクロ的にはアメリカ経済があまり調子よくなかった時期にＩＴ産業が大きな変化を遂げたということが、実は今回の問題を考えるときにも非常に重要だと思うのです。ＩＢＭの社員にとっては会社がガタガタになって、一九九〇年には何万人もレイオフされて倒産一歩手前まで行くわけで、八〇年代はものすごく悪い時期だったと思う。

ＩＢＭというのは伝統的にレイオフをしないということで知られていたわけですけれども、八〇年代には完全に事業が行き詰まって、優秀な人からどんどん出ていった。よく言われたのは、西部劇のように「ゴー・ウェスト」、つまり東海岸から西海岸へエンジニアがどんどん移って会社を起こしていった。

こういう動きは、私も含めてメディアにはまったく見えなかった。ウォール街のアナリストも「ＩＢＭの最大のライバルは分割されたＡＴ＆Ｔ（アメリカ電話電信会社）だ」とか言っていたわけです。実はその裏で起こっていた大きな変動というのは、ＩＢＭやＡＴ＆Ｔのような巨大企業がゆっくり没落して、まったく新しいタイプの企業が生まれるプロセスだったんですね。

短期的には、確かに不況になるのは大変なんだけれども、それだけをマクロ政策で止めていればいいのかというと、長い目で見るとアメリカの産業を活性化した大きな原因は、恐竜と言われた大企業が没落して、マイクロソフトやインテルをはじめとする新しい企業が八〇年代に出きてきたことです。そういう土台があったから九〇年代にＩＴ革命と言われるようなことも可能になったわけで、それが起こってから日本の会社の経営者がまねようと思っても、日本の産業構造がそれにまったく適していなかった。

アメリカでどうしてそういうドラスティックな変化が起きたかというと、やはり経済がだめになって、それが株価に反映して経営者がクビになって、労働者もレイオフされて、はっきり経済が悪くなったからです。「来年は今年より悪くなる」という言葉がはやったぐらい悪かったんだけれど、そのおかげで何とかしなきゃいけないという危機感が国民にも企業の経営者にも出てきた。そこで新しいものが出てくる力が生まれたと思うんですよね。当時はＭＩＴなどの経営学者や経済学者がトヨタの生産システムを調査にやってきて、膨大な研究報告書を書いた。それが学問的にも、重要な業績になったわけです。

ところが日本経済は、幸か不幸か九〇年代まではそういう激しい落ち込みをあまり経験してこなかったから、産業構造の組み替えのチャンスを逃しちゃった。九〇年代がそのチャンスだったんだけれど、そこをぐちゃぐちゃにしてここまで来た。だから不景気というのは、もちろんいいことじゃないけれども、国民が危機感を共有して頭を切り替えるきっかけになるのなら、私は悪いことばかりじゃないと思います。

池尾◆まさにおっしゃる通りで、目先のことだけを見ていてはいけない。だからこそ三〇年ぐらいのタイムスパンで振り返って考えましょうということを、いままさにやっているわけです。

■──グリーンスパンの金融政策

池尾◆それで、真ん中の時代に関して、グリーンスパンの金融政策についてちょっと言及して最後の一〇年の方に移りたいと思います。真ん中の一〇年といいますか、一〇年強になりますけど、グリーンスパンが一九八七年にＦＥＤの議長に就任して以降、二〇〇〇年を迎えるぐらいまでのグリーンスパンの金融政策についてです。グリーンスパンは延べ一八年やったわけですが、前半の三分の二と最後の三分の一をちょっと区別した方がいい。

前半の三分の二のグリーンスパンの金融政策を後知恵で言うと、相場を張ったような金融政策というか、ギャンブラー的な金融政策のような感じがあります。しかし、当たったという感じで、要するに、勝負に出て勝ってきたというようなところがあります。ところが、最後の三分の一はいつまでも勝負運が続かなかったという感じがあります。

ある意味ではかなり裁量的な金融政策をやっていて、ＦＥＤの誘導している金利水準を見ると、ジェットコースターのように上げて下げるような運営をしています。そういうことの結果としてマクロ経済は安定したということなのかもしれない。非常に相場を張ったような金融政策をやってきたのだけれども成功してきた。

その中で資産価格の上昇等の現象がだんだん目に付いてきます。当初は有名な「根拠なき熱狂」というようなことを言って警戒を発していた時期もありますが、資産価格の動きの方が持続性をもって上昇していくような傾向を示したため警戒をすぐに取り下げて、ニュー・エコノミーが来たのだというような言い方に変わっていきます。

だから、グレートモデレーション（大平穏）の状況の中で、きつい言葉で言うとある種の「慢心」がアメリカ社会にだんだん生まれてきたのが真ん中の一〇年の最後の方ぐらいです。それが決定的になっていくのが最後の一〇年間だと思います。

池田◆九〇年代について少し触れると、情報産業から見た九〇年代のアメリカというのは非常に成功した時代だったわけです。九〇年代に華々しく登場したのはインターネットですが、あれも元は七〇年代にできた古い技術です。そういう蓄積があったから九〇年代の成功があった。派手にアメリカが成功してから日本がそれに追い付こうとしても、大きなギャップができていて追い付かない。そのままいまに至っているわけです。同じぐらいのレベルで競争しようと思ったら、やはり八〇年代にアメリカが苦しみながらやったような企業の構造変化を通過しないと、持続的にイノベーションを生み出していく仕組みができない。

金融も広い意味で情報産業ですが、世界経済が第三次産業革命とかデジタル革命とか言いますけれど、二〇世紀前半に重化学工業に中心が移った第二次産業革命に相当するような、次のレベルの産業革命の局面にあるというのは、たぶん多くの人が一致する現状認識だと思います。そこで日本経済が大きく出遅れている。

アメリカ経済はある意味でそのトップを行っているんだけれど、ちょっと行きすぎてオーバーシュート気味になった。じゃあアメリカは失敗で、ああいうのは強欲資本主義だから全部だめで、日本はいままでのやり方でよかったのだと総括をする人がいるけれども、それは間違いで、金融でもITでも日本はまだまだ大きく出遅れているのです。

その3 マクロ的不均衡の拡大：一九九七年〜現在

——アメリカの過剰消費構造

池尾◈では、最後の一〇年というか直近の一〇年に入ります。直近の一〇年の出発点に当たる一九九七年は、ご案内のようにアジア金融危機が勃発した年で、翌年の一九九八年にロシア危機があって、ヘッジファンドのLTCMの破綻が金融危機の中で起きました。

アジア金融危機以前の東アジア諸国の経済発展のパターンは、日本とはかなり違っていました。日本は、ずっと外資嫌いでやってきて資本導入をむしろ回避していた。六〇年代になって資本自由化をOECD（経済協力開発機構）などから迫られるようになっても、何とかして外資に乗っ取られることは避けようと努力してきた。外資導入に対して日本は非常に否定的で、国内の貯蓄を資本蓄積の源泉として経済発展してきました。

それに対して、東アジア諸国は積極的に外資導入を行って、それをテコにして経済発展を図った。その路線でやってきたのが、一九九七年のアジア金融危機を機に、頼りにしていた外資が突然手のひらを返したように出ていった。これは、サドンストップ（突然の停止）とネーミングされています。サドンストップという事態を経験して、それまでの外資依存型の経済成長パターンから、ある意味では日本型の自国の貯蓄を資本蓄積の源泉とするような経済成長路線に転換するわけです。

サドンストップに懲りて、予備的貯蓄、予備的な外貨準備保有を非常に拡大させるというパターンに東アジア諸国は変わります。ラテンアメリカ諸国も同じように変化します。それから産油国なんかは当然に貯蓄超過で、結果的に世界中のほとんどの国々が貯蓄超過になります。

しかし、全世界を合算すると貯蓄と投資は等しくならなきゃいけない。すると、一方で貯蓄超過の国があるとすると、どこかに投資超過の国がないと世界全体でイコールになりません。九〇年代末のアジア金融危機等々を経た後の二〇〇〇年以降の世界経済をみると、唯一アメリカだけが投資超過国で、それ以外のほとんどの国が貯蓄超過国というような形のいわゆるグローバルインバランスが急激に拡大することになります。

既述のように、レーガン政権のころからアメリカの経常収支赤字は拡大してくるわけで、グローバルなインバランスはずっとありました。しかし、それがアジア金融危機以降、二〇〇〇年代を迎えて急激に拡大したわけです。

インバランス拡大の原因について、日本の中の議論はだいたいアメリカの過剰消費体質がよくないという議論なわけです。アメリカ側の議論はそれとは逆で、バーナンキがFED議長になる前の一九九五年頃、アジアや産油国の過剰貯蓄がよくないという見解を表明しています。これがアメリカの多数説です。

自分の貯蓄を投資に使いきれないような——日本なんかはそういう批判を受けても仕方がないと思いますが——アメリカ以外の国々は、要するに自分たちの貯蓄を投資する十分な機会すらない、投資機会の乏しい国なのだとアメリカ人は言うわけです。世界に投資機会を提供できているのはアメリカだけで、アメリカが投資機会を提供しなくなったらみんな困るじゃないかというわけです。インバランスが発生しているけれども、原因は貯蓄超過国にあるというのがアメリカ側の見解です。

池田◈それればかりでもなくて、例えばアメリカのPBS（公共放送）で、アメリカ人は滅茶苦茶に借金して過剰消費していると批判する「アフルエンザ」というシリーズが組まれたりしました。アメリカでも、経済学者がアメリカ人の消費構造はどうなっているか調べたデータがあるわけです。それを見ると、アメリカ人が浪費好きだという単純な問題じゃないんですね。

一番顕著なのは、医療費が家計支出の二〇%以上を占めている。アメリカの医療費は世界一高いと言われていて、医療保険も利かない人がたくさんいる効率の悪いシステムです。それから住宅はまさに今回の問題の発端になりましたが、持ち家率が七〇%近くになっていて、貧乏人でも二軒持っていたりする。都市部では家賃が非常に高く、家計支出の二五％を占めている。またアメリカは自動車がないと生活できないような町の構造になっているので、運輸・交通費が一二％。

つまり医療、住宅、自動車という固定費だけで、家計支出の六〇％近くになってしまう。不景気になったからといって医療費を減らすわけにはいかないので、こういうアメリカ社会の高コスト構造を直さないと、過剰消費は容易に直らない。それは個人の浪費癖の問題じゃないのです。

池尾◆だから、グローバルインバランスはアメリカの過剰消費が原因か、アジアとか産油国の過剰貯蓄が原因かに関して、過剰貯蓄の方が原因だというのがアメリカでは多数説だということです。もちろん、中にはアメリカの経済構造がおかしいという少数説もあります。いずれにせよ、今後グローバルインバランスの持続が不可能だ

図2　アメリカの家計支出（2004年商務省調べ）

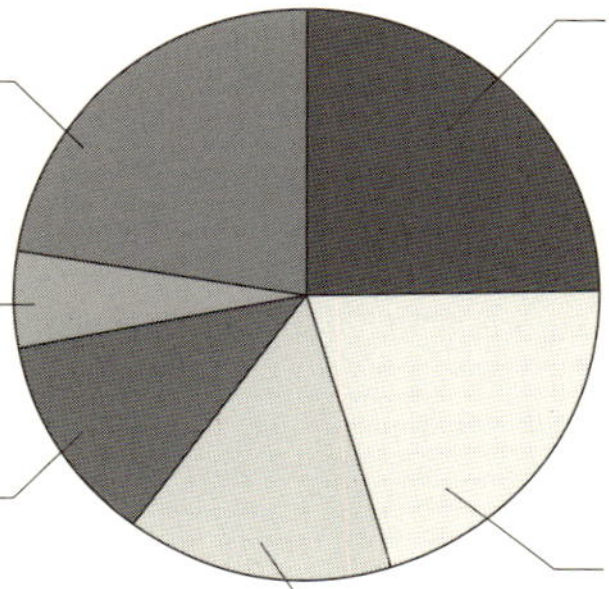

ということは今回の危機の帰結として明らかで、是正しなきゃならない。すると、われわれの方は過剰貯蓄を減らさなきゃいけない。投資機会をつくりだすか、あるいはもう過剰な貯蓄ができないぐらい貧しくなるかしかない。要するに、不況になって経済が縮小して可処分所得が減って、さすがの中国、産油国もあまり貯蓄ができなくなるか、あるいは貯蓄はいままで通りするんだけれどもそれをちゃんと投資する機会を自ら生み出すしかない。

アメリカも、いままでのような投資超過状態というか貯蓄過少状態を解消するような努力をしなきゃいけない。それは池田さんが言われたように社会構造を変えないとできないような話だから大変です。そういう意味では、危機以後の世界経済の中で各国が迫られている構造調整の規模と困難さは非常に大きい。

とにかくグローバルインバランスの非常な拡大が起きたわけですけれども、それが今回の危機のマクロ的な背景の一つになっています。だから、繰り返しますが、まずグレートモデレーション（大平穏）という背景があって、その中でマクロ経済要因としてグローバルインバランスの急拡大がありました。これがマクロ的に今回の危機を考える際に押さえておくべき二つのポイントだと思っています。

■──ＩＴバブルとその崩壊

池尾◆二〇〇〇年に入るとインターネットバブルというのがありました。これについてちょっと話してください。

池田◆何でＩＴバブルがあんなに軽くてすんだのに、今度は一〇〇年に一度という規模になるのかというのが重要だと思います。ＩＴバブルは、もともとが西海岸のかなり局所的な現象が中心だったということが一つと、もう一つは基本的に株式ベースだった。ベンチャーキャピタルが投資したカネがパーになっても、投資家に「すいません」と言えば終わる。損自体はけっこう大きかったけれど、株式だから紙切れになったら終わりです。それに対して今回は、負債で資金を調達したことが問題が長引く原因になっていると思うのです。

グリーンスパンは一九九六年に議会証言で、先にも出た「根拠なき熱狂」という有名な言葉で警告したのですが、バブルは止まらなかった。それで、彼も前言をひるがえして、ほとんど利上げしなかった。むしろ一九九七年のアジア金融危機や翌年のＬＴＣＭの破綻のあと、ＦＥＤが大規模な流動性供給を行って、それがＩＴバブルに火をつけたとも言われています。

当時、通産省（現経済産業省）のある課長の話を聞いて印象に残っているのですが、彼が「あの慎重なグリーンスパンでも考えが変わった。これはパラダイムが変わったのだ」と言うわけです。

こういうときにはたいていパラダイムという言葉が出てくる。古いパラダイムにこだわっている人はバブルだと思うかもしれないけど、新しいパラダイムから見ると正常なんだという話になるのです。

池尾◆そういうのは新時代（New Era）シンドロームと言う（笑い）。

池田◆当時『ビジネスウイーク』が「ニュー・エコノミー」という言葉をつくってキャンペーンを張り、それに対してイギリスの『エコノミスト』がそんなものは幻想だと批判した。結果的には『エコノミスト』が正しかったわけですけれど、当時は『ビジネスウイーク』の方が圧倒的に売れた。シリコンバレーでも、いわゆるギーク（おたく）の人々がみんなそういうふうに思っていたわけです。株主のカネをいかに早く使い切るかでベンチャーの価値が決まるので、一番てっとりばやいのはカネを燃やすことだと言われたりしました。

渦中のときにはいろいろ理屈をつける人がいて、例えば孫正義氏なんかは、頭の古いやつには分からんだろうけど、問題は利益じゃなくて時価総額だと言っていた。今は絶対言わないけど（笑い）。

バブルというのは資本主義には付き物であって、バブル自体をあらかじめ防ぐというのは、それこそグリーンスパンでもできなかったわけですから、非常に難しい。事前にはこれが正しい相場だと思っているからバブルになるのであって、事前に分かっていたらバブルにはならない。

重要なのは、バブルの崩壊による被害を最小限に食い止めることだと思います。バブルなんて周期的にいつも起こっているのだから、そのたびにあわてるんじゃなくて、中央銀行や政府が危機管理をルール化しないといけないと思います。

池尾◆金融政策のあり方をめぐって、日銀の白川方明総裁が京都大学に勤務していたときに書いた本（**文献3**）に紹介されていますけれども、FED的なものの見方とBIS（国際決済銀行）的なものの見方、FEDビューとBISビューがある。いまのバブルに関する池田さんの見解はきわめてFEDビュー（言い換えると、グリーンスパニズム）で、私はBISビューですので、またそこは議論することにしましょう。

■——ITバブル後の金融緩和が住宅バブルの一因

池尾◆グリーンスパンは君子だから豹変したのでしょうけど、グリーンスパン時代の最後の三分の一の二〇〇〇年から二〇〇六年にかけての金融政策は、いま言われたように、要するにバブルは破裂するまでバブルかどうかは分からないという立場で、破裂したらそれに対して事後的に対処することの方が重要であるという立場です。

具体的には、いったんバブルの崩壊ということが分かれば、徹底した流動性の供給を行うことによってその被害の拡大を防止するのだという話になります。実際、インターネットバブルが崩壊して以後、徹底した流動性の供給を行うわけです。ただし、それは後知恵的に言うと、次のバブルを引き起こす原因になったというとらえ方もあります。

それから、とくに二〇〇三年から二〇〇五年ぐらいにかけて、グリーンスパンは日本の経験を横目で見ていたというのもあると思いますが、アメリカ経済はデフレに陥ってしまうのではないかというおそれがありました。そのリスクは小さいけれども、実際そうなると非常に経済に対するダメージが大きい。要するにデフレの**テールリスク**（tail risk）です。そのテールリスクをかなり警戒して、本来の金融政策ルールから見たときに、いわゆる**テイラールール**とかで判断したレベルを超えたいっそうの金融緩和をやります。

だから、過度の金融緩和をやったことが今回の危機につながる一因になったんじゃないかという批判を今は受けています。ただし、デフレに陥るというテールリスクを警戒したことが悪かったと言い切れるか、後知恵だけでそういうことが言えるかというところは評価の問題としてはあります。

池田◈この時期、バーナンキが二〇〇二年からＦＥＤの理事として経済運営に重要な役割を果たしたわけでしょう。彼は日本の九〇年代の状況についてかなり勉強もしたし、提案もした。私はそれが悪く影響したのかなという印象を持っているのです。つまりバーナンキ自身は日銀にもっと金融緩和しろ、オーソドックスな金融政策ではだめだという提案をした。そう言った自分の国でバブルが崩壊したから、日銀のようにのろのろしないで過激に金融緩和しようというバイアスが働いたんじゃないか。

二〇〇一年から〇五年頃までのグリーンスパンの金融緩和が、後から考えるとちょっとやり過ぎで長すぎたんじゃないかという批判があって、グリーンスパン自身もやりすぎだったと議会で認めました。

日本との関係からいうと、財務省は二〇〇三年に一〇カ月で三五兆円と言われる巨額の為替介入をやった。ドルを買って円を売ることによって円高を防いだわけです。そのおかげでゼロ金利の日本で借りて高金利のアメリカに投資する「円キャリー取引」が起こって、アメリカに余剰資金が流れ込んだ。それが今回のバブルの一つの原因になったのじゃないかという意見もありますけれど、池尾さんはどう思われますか。

池尾◆グローバルインバランスが今回の危機の大きな背景であることは確かだと思うのだけれども、グローバルインバランスを形成した要因はいくつかあります。先に述べた過剰貯蓄が原因か過剰消費が原因かという話もあるけれども、過剰貯蓄側の過剰貯蓄の中身として日本との関連が出てきます。貯蓄と資金というのは区別しなきゃいけないけれども、量的緩和とか為替介入で生み出された流動性が寄与した度合いがどれぐらいのマグニチュードかというのは、評価の問題としては確かにあると思います。

ただし、それがすべてだという議論はやっぱり成り立ちません。では、ごくマイナーなウエイトなのか、それとも、すべてとは言わないけど無視してはならない程度のウエイトのものだったのかというところですね。

池田◆アナリストの推定では、円キャリーの規模は一兆ドル以上というような数字が出ます。今の円高は円キャリーの巻き戻しで起こっているとも言われていますが、一兆ドルだとするとマイナーな要因じゃないですね。

池尾◆まあ、そんなものなんじゃないですかね。信用創造が働きますから、供給した絶対額の数倍くらいというのは数字としてはいくかなと思いますけどね。したがって、メインはアメリカ自身の金融政策だけれども、サブの要因としては無視するわけにはいかないということにしておきましょう。

第3講

金融技術革新の展開：危機の来し方②

――デリバティブ、証券化、M&A――

池田◆前回の講義の終わりは、二〇〇〇年代前半に金融緩和が行きすぎて住宅バブルの原因になったんじゃないかという話だったわけですけれど、今回は別の側面というか、金融に焦点を当てて投資銀行がどういう役割を果たしたか、あるいはデリバティブと言われる新しい金融商品がどういう問題を起こしたのかといったことを中心に議論したいと思います。

池尾◆この講義でも、まず三〇年ぐらいのタイムスパンで振り返ろうと思います。第2講では、経済全般の動きについて三〇年間ぐらいをトレースしました。本講では、ここ三〇年間ぐらいで急速に変化した金融ビジネス、金融技術の展開について、その動きをトレースします。同時にデリバティブ等の金融商品についても若干の解説を加えておくことにします。

その1　伝統的銀行業の衰退と金融革新

■――不況産業化した伝統的金融業

池尾◆一九八〇年代を迎える前までは、銀行業というか伝統的な金融業はいい商売でした。S&L（貯蓄貸付組合）が危機に陥る話は後でしますが、S&Lに関しては、その経営者の安穏ぶりを揶揄して、三つの「三」ということが言われていました。すなわち、三%の預金金利で預金を集めて、それに三%の利ざやを乗せて住宅ローンを貸し付ける。そして午後の三時にはゴルフコースに立っているというわけです。ある意味で優雅ではないとしても、楽な商売だったのは確かです。

というのは、八〇年代を迎えるまでは、世界的に資金不足が基調の経済構造だったからです。第二次世界大戦が終わって、その後の復興とそれに続く経済成長の過程では、絶えず資金不足の状況が続いていた。日本ではとくにそうだったが、世界的に見ても資金不足が基調の経済構造で、不足しがちな資金の配分を司る金融業は、非常に力もあったし、商売としてもやっていきやすかった。

しかし、一九八〇年代に入ると、戦後の復興・成長が一段落します。先進国では投資機会が相対的に不足するようになり、資金不足に代わって資金余剰傾向が基調になってくる。そうなると、カネを貸すというだけの伝統的な銀行業は不振を極めるようになります。

不振を象徴する出来事として、S&Lの危機がありました。アメリカの広い意味での銀行、預金を取り扱っている金融機関には、大きく分けて二種類あります。その一つがS&Lと言われる業態で、S&Lは基本的に運用先が住宅ローン——アメリカの場合はちょっと制度が違って正確にはモーゲージですけれども——に限定されていた中小金融機関です。それとは別に普通の商業銀行という業態があります。

S&Lは、既述のように三%ぐらいの金利で預金を集めて、それを住宅ローンに貸し付けていました。当時のアメリカは預金金利規制をやっていたので、預金という期間の短い手段で資金を集めて、住宅ローンという長期の貸し付けをやっていても、やばいとは思われていませんでした。三〇年間くらい貸すわけですから、本当は金利変動リスクというのがあるわけです。しかし、預金金利規制があったから、あまり金利変動リスクを心配しないで、長期の住宅ローンを固定金利で貸していた。

ところが、ボルカーがインフレ退治のために金利の高騰をいとわない政策を取った結果、金利規制のある預金ではお金が集まらなくなりました。お金が集まらなくなったら、運用は長期の住宅ローンでやっているわけだから、資金繰りがつかなくなって行き詰まらざるを得ません。そのため、資金を吸収できるように、預金金利規制を撤廃せざるを得ないところに追い込まれて、実際に撤廃されてしまう。しかも、金利が非常に高騰していたので、預金金利もそれに合わせて、かなり高くしないとお金が集まらない。それで、S&Lは構造的な逆ざやに落ち込んで経営危機に直面します。S&Lの業態全体が危機に陥って、八〇年代前半に問題が深刻化します。

こうして八〇年代前半にS&Lは危機に陥ったものの、アメリカ政府は問題を先送りします。しかし、糊塗策がいつまでも続くわけはなく、八〇年代後半にいっそう悪化した形で危機が再び顕在化して、それをブッシュ・シニアが否応なしに処理を迫られる。これもブッシュ・シニアの不人気の原因になりました。そういう形で、S&L危機が八〇年代前半と後半の二度にわたってありました。

それから、もう一つの業態である普通の商業銀行、とくに大手の商業銀行も、やはり収益が悪化して不況産業化します。それを打破しようということで、今度は三つの「L」といわれるところに貸し出しをします。ブラジルやメキシコといった開発途上国（Less developing country）向け、LBO（レバレッジド・バイアウト）向け、それから不動産（Land）向け融資という、ハイリスク型の業務に進出して収益悪化を乗り切ろうとします。しかし、それがうまくいかなくなって、九〇年代初頭に危機に陥ります。

このときにクレジットクランチが起きます。そのために、アメリカの景気がその時点でいっそう悪化して、ブッシュ・シニアの再選を阻むような経済状況につながっていきます。そういう意味では、ブッシュ・シニアの再選を阻んだのは、伝統的銀行業の衰退、行き詰まりだったともいえます。

伝統的な銀行業が不況産業化したのはアメリカだけの話ではなくて、日本もそうです。そして、日本は基本的にはいまなおその構造のままだとさえ言えます。バブルの生成と崩壊というスイングはあったけれども、構造としては伝統的銀行業が不振化したという状況が、四半世紀以上三〇年近く続いて現在に至っています。ところが、アメリカでは伝統的な銀行業が不振を極める中で、これではだめだとして違うやり方を考えるというダイナミックな動きが出てきた。そこは、やはりアメリカの大したところだなと思います。

金融革新に乗り遅れた日本

池田◆七〇年代ぐらいまでは世界の銀行業はそんなに変わらなかったのでしょう。何で七〇年代ぐらいまでそんなに変わらなかったのが、八〇年代からこういうふうに大きな差がついちゃったんですか。日本がだめなのか、アメリカが特異なのか。

池尾◆八〇年代は、伝統的銀行業が不振に陥った時代であると同時に、金融イノベーション、金融革新の時代でした。一九七五年頃までは、アメリカの家計の金融行動はきわめてシンプルで、貯蓄といえば、当然、銀行預金だし、クレジットカードなんかもあまり使っていなかった。それが八〇年代にきわめて大規模な金融革新が実現されて様変わりします。

イギリスも、やっぱり停滞していた。それを一九八六年にサッチャー首相がビッグバンをやることによって活性化させます。そういう意味で言うと、ある種の競争がシステムの中に存在していたというのが、推進力になったとも考えられます。

池田◆世界的に見ると、投資銀行は英米で突出して成功して、あとの国の銀行はそれほど大きく変化しなかったと言った方が公平なんですかね。日本は平均よりちょっと悪いぐらいですか。

池尾◆ヨーロッパの大陸諸国の銀行と比べて、ひどく見劣りするわけではありません。繰り返すと、伝統的な銀行業が行き詰まる中で、アメリカが先導する形で新しい動き、金融イノベーションが出てきます。その意味で、金融業のパラダイム転換が起こったのがこの時期だと思います。八〇年代には、先にもみたように、アメリカではいろいろと銀行絡みで危機があったわけですが、これは、後から振り返れば、いわば「産みの苦しみ」の時期だったと言えます。

ただし、金融イノベーションの中身にはいろいろあります。当時言われた金融イノベーションのうちには、単に規制回避的な意味合いを持つにすぎなかったというものも、いまから考えるとたくさんあります。

一般には、アメリカは金融自由化の先進国のように思われていますが、そうでもない面もあります。中小規模の金融機関が多数存在していて、その政治的な影響力は強い。そうした事情もあって、アメリカでは預金金利規制を長く続けていました。戦後直後はどこの国も預金金利規制を実施していましたが、ヨーロッパ諸国は六〇年代ぐらいから金利規制を撤廃しています。ところが、アメリカは八〇年代初頭までそれを続けていた。もちろん、一九九四年まで続けていた、どこかの国もあるけれども（笑い）。


池田◆グラス・スティーガル法も、形の上では一九九九年まであったわけですね。

池尾◆アメリカでも、金融業は存外に規制産業という面が強い。だから、レギュラトリーアービトラージと呼ばれる規制のさや取りのためのイノベーションもたくさんありました。それとは別に、デリバティブと言われる金融手段や、証券化――あるいは、もう少し広く言うとストラクチャードファイナンス（仕組み金融）――と呼ばれる金融技術が開発されてきます。デリバティブ取引は一九八〇年代に入ってから本格化します。一九八一年に通貨スワップというのが初めて行われたと言われる。通貨スワップは世界銀行が最初にやった。

池田◆変動相場になったのは一九七三年。そのころからものすごく為替リスクが大きくなってきたのに、そこからこんなに時間がたっているのかと疑問に思う人がいるかもしれない。

池尾◆そうですね。デリバティブには、バリエーションがあります。デリバティブの中の伝統的御三家というか、最も典型的なものとしては、先物とオプションとスワップがあります。その最も典型的な三種類のうちスワップとオプションは、比較的最近になって登場したものです。だから新金融商品という呼び方になります。それに対して先物というのは、これはある意味でものすごく昔からあります。

池田◆堂島の米市場から。

池尾◆要するに、デリバティブがすべて新金融商品ではなくて、デリバティブの中に先物というきわめて伝統的な商品があるわけです。だから為替リスクに関しても、通貨の先物というのは当然やられていたわけです。スワップは、言ってみると先物をシリーズとしてパッケージにしたようなものです。一回一回先物の契約をする煩わしさを取り除いて、シリーズで全巻セットみたいな感じで提供するものですから、先物と本質的に違うものではありません。それが出てきたのが八〇年代初頭です。それ以降、さまざまな形の金利や為替関係のデリバティブ商品が出てきます。

■──証券化の展開

池尾◆証券化の方では、**MBS**が出発点です。MBSの発行は一九七〇年代から始まっていますが、本格化するのはS&Lの危機以降です。

S&Lは当初は住宅ローンに運用先が限定されていたので、破綻したS&Lの資産は住宅ローンなわけです。破綻処理をする公的当局はその住宅ローンを処分する必要がありました。そこで、つぶれたS&Lの保有する住宅ローンをパッケージにして、証券化して売却することで資金を回収することにしました。これを大々的にやった。これが、米国におけるMBS市場の拡大につながりました。

この拡大のプロセスで商品内容も進化しました。最初の頃のMBSはパススルー型と言われているものです。住宅ローンをかき集めてきてプールを作る。そのプールから発生するキャッシュフローを、そのまま証券の保有者に渡す。プール全体をベースにして、例えば一〇〇枚MBSを発行したとすると、一枚のMBSの保有者には全体のプールから発生するキャッシュフローの一〇〇分の一ずつ渡す。右から左にそのまま流すだけというので、パススルー（pass through）型と言われました。

しかし、投資家からみると、パススルー型は投資対象として必ずしも好ましいものではありません。住宅ローンにはいろいろなリスクがあるけれども、その一つに早期償還リスクがあります。例えば三〇年満期の住宅ローンでも、ローンが繰り上げ返済されてしまうことがあります。例えば、金利低下局面だと、金利の低い新しい住宅ローンに乗り換える動きが生じて、既存の住宅ローンは返済されてしまう。

パススルー型だと、元のプールで繰り上げ償還が行われたら、投資家にその元本が戻ってきます。すると、投資家はそれを再投資しなければならなくなるわけで、再投資リスクが発生します。繰り上げ償還は金利低下局面に多いから、不利な条件でしか再投資できない可能性が高い。そういうのはちょっと嫌だという話になります。

余談になるけれども、繰り上げ償還が金利低下といった要因だけで起きるとしたら、まだヘッジしやすいけれども、金利上昇局面でも、親から遺産が入ったとかで繰り上げ償還する人が出てきます。住宅ローンが途中で返ってくることを左右する要因は複雑です。それを予測しながら投資する

Residential Mortgage-Backed Securities

Collateralized Mortgage Obligation

のはプロでないとできません。だから、証券化して一般投資家に買ってもらおうと思うと、パススルー型ではちょっと困る。それで右から左に流すんじゃなくて、プールから発生するキャッシュフローをクラスに分けることを思い付きます。

プールから発生するキャッシュフローを、優先的に渡す、その次に渡す、最後に劣後して渡すという形で不比例的（disproportional）に切り分けて、クラスの違う証券にすることを思い付くわけです。それが**CMO**というものです。

クラスとか、トランシェという呼び方をしていますが、優先的なところは、ほとんど普通の債券と同じように満期になるまで利払いが行われて、最後にまとめて元本が返ってきます。繰り上げ償還などのリスクは、最後の劣後部分、エクイティと呼ばれるところで全部吸収してくれるという形になります。

いまのＭＢＳは全部ＣＭＯで、パススルー型という原始的なものはもはやない。また、一九九四年にＣＭＯに関して危機というほどではなかったとしても、価格暴落の事態があったようで、ＣＭＯの評判が悪くなりました。それでいまは、単にＲＭＢＳと呼ぶようになっています。これはＣＭＯの新しい呼び名にほかなりません。かつてのジャンクボンドも、いまはハイイールド債と呼び方が変わっています。同じものなのだけれども、評判が悪くなったりするような事件があると呼び方を変えるのですね。

もっともデリバティブといっても、八〇年代は、基本的に金利と為替関係です。九〇年代になっ

Collateralized Debt Obligation

てクレジット関係のデリバティブが初めて登場します。クレジットデリバティブは九〇年代前半にニューヨークで本格的に取引が始まりました。最初はいろいろなタイプの商品がありましたが、九〇年代後半になると、ＣＤＳがほぼ主流を占めるようになります。

九〇年代の変化として、為替・金利以外のクレジットに関するデリバティブが登場したことと、証券化の対象商品の拡大があげられます。そして、デリバティブと証券化の組み合わせが一般的に行われるようになって、シンセティックＣＤＯが出てきます。このシンセティックＣＤＯが急激な金融取引の規模拡大を促した一つの要因になります。これは、物はなくても作ってしまえるというのが特徴なのでね。

池田◆さっきの名前が変わるという話でいうと、サブプライムという名前をよく見ると、プライムじゃないという意味だから、昔で言うとジャンクだという意味ですよね。

池尾◆いや。サブプライムというのは、最初に使われだした頃には、ものすごくいい意味でした。プライムよりもいいという。プライムレートというのがありますよね。だから、サブプライムレートというと、これはプライム、最優遇金利適用先よりも、さらに低い金利だから、ものすごくいいという意味になります。サブプライムレートという文脈では、このようにサブプライムという言葉は使われていたのですよ。それがいつの間にか、モーゲージの世界ではプライムではない、プライム以下という意味で使われるようになって、サブという形容詞の意味が逆転してしまいました。

その2 デリバティブ取引の意義

――リスクだけを取引する

池尾◆日本の場合、リスクを取引すること自体、いかがわしいことのようにみなす風潮があります。しかし、それは根本的に間違っていると言わざるを得ません。

家計にしろ企業にしろ、経済活動や普通に生活しているプロセスで何らかのリスクを背負います。その際、一回負ってしまったリスクは負い続ける以外にないという状態と、プレミアムを払えばそのリスクを誰かに移転できるという状態と、どちらがいいかを考えると、プレミアムを払ってリスクを移転できる方が基本的にはいいはずです。

例えば、保険が一切ない世界と保険がある世界を比べれば、保険が利用できる世界の方がいいはずなわけですよ。基本的にはね。もちろん、そういうものがあるがゆえに、新たに生まれる問題があったりします。だから、必ずいいとまでは言いきれないけれども、可能性としてはリスクが取引できて、場合によっては背負い続けなくても一定の対価を払えば他の人にリスクを移転できる方がいい。

逆に言うと、そういうリスクを移転できる機会が与えられていなかったら、最初からリスクをできるだけ取ろうとしなくなります。日本の場合はそうですよね。リスク取引が発達していないから、そもそもリスクを取ろうとしない。この意味で、リスクの取引が発達していないから、新しいビジネスが生まれにくい状況になっていると考えられます。そうした状況を解消するためにも、基本的にリスクを取引することには積極的な意義があるということを確認する必要があります。

もっとも普通に金融取引をしているだけで、意識していない場合も多いと思うけれども、リスクを取引していることにもなってしまっています。例えば、まじめに働いて給料をもらって貯蓄をして、一〇年物の日本国債を購入し、そのまま保有しているとしましょう。これは、観点を変えると投機をしていることにもなります。金利変動リスクに裸で立ち向かっているという状態になるわけですから。一〇年物国債の現物を買うと同時に、一〇年物国債の先物を売るという先物取引を同時にやっている方がリスクを取っていないことになります。単に国債を持っているのは、金利変動リスクに自らをさらしていることになります。

こうした意味では、普通に金融取引をすると、否応なしにリスク取引もすることになります。普通の金融取引は、もちろん資金運用のためだったり、資金調達のためにやるわけですけれども、結果としてリスクの取引もそれについてくる。伝統的な金融商品である株式とか社債においては、資金を移転する手段という側面と、リスクを移転する手段という側面とが不可分なものとして一体化しています。
だから、リスク取引なんかしたくない、ただ資金のやりとりだけしたいと思っていても、債券を発行したり何かすると、同時にリスク取引もやることになる。逆にリスク取引だけしたい、資金ポジションなんか変えたくないと思っていても変わってしまう。そういう問題点を解決するために、伝統的な金融商品の機能の中から、リスクを移転する手段という側面だけを独立させる形で取りだしたものがデリバティブだと考えていただくといいと思います。

池田◈そういう考え方ができたのはいつ頃ですか。よく言われるのは、一九七三年に**ブラック＝ショールズ公式**が出てきて、同じ年にシカゴの商品取引所でオプション取引が始まる、その頃ですか。

池尾◈ファイナンス理論でいうと、アセットプライシング（asset pricing）という分野になるのですけれども、その原理的な考え方が確立したと言われているのは、やはり七〇年代前半ぐらいですね。

池田◈やっぱり基本的な価格付けの理論ができないと、取引もあまりできなかった。偶然、商品取引所の取引開始と同じ年にブラック＝ショールズ理論が出てきた。

池尾◆あれは偶然ではないのです。意図的ですね。広い意味ではそういうものの背景というか、土壌が整いつつあったんだとは思いますけれども、シカゴでオプション取引所を立ち上げるというプランが現実化する中で、シカゴの取引所筋がふんだんに研究費を出してブラック＝ショールズとかマートンとかの研究を大いに応援して出来上がるわけです。だから、取引所が成功するためには、プライシングの手段が必要だという認識があったということです。

池田◆同じ年に変動為替相場制になりました。それによって為替リスクをヘッジする市場が広がったということがあるわけですね。

池尾◆そうですね。だから、ちょっと繰り返しますが、資金ポジションというのと、それからリスクエクスポージャーというのがあって、普通の金融取引をすると資金ポジションにも変化が起こるし、リスクエクスポージャーにも変化が起こるわけですよ。そうじゃなくて、純粋にリスクを取引するために、資金ポジションには何の影響も与えないで、リスクエクスポージャーだけを変えるための手段として開発された金融商品がデリバティブだということなんですね。

■──リスクを売買する意味

池田◆リスクを売買するというのは、なかなかわかりにくい。日本でも指数取引をやるとき、賭博罪に当たるんじゃないかという議論がありました。オプション取引は、形式的にはゼロサムゲームです。損した額と同じだけ得した額があるわけだから、社会全体としてみると、誰もネットの得はしていない。そういうものが許されていいのか、という問題はアメリカでも議論があったでしょう。

池尾◆ええ、そういう議論はありました。しかし、リスクを取引することの意義は、少なくとも三つあげられます。一つは、リスクはプールすると減るということ。1+1が2にならないで、リスクは打ち消し合う。要するに、完全に正相関していない限り、異なるリスクを組み合わせると一部互いに打ち消し合って、全体としてのリスクの量が減るという効果が期待できます。

大数の法則もその一つだし、性質の違うリスクの組み合わせによって、いわば毒をもって毒を制するような効果、一つ一つだと毒なんだけど、合わせると薬になるという可能性があります。すると、ここに毒があって、こっちに違う毒があったときに、それを合わせれば薬になるとしても、取引ができなかったら合わせられない。そういうリスクの組み合わせによる効果を実現できるというのが、リスク取引の直接的意義の一番目です。

次に、リスクの量は変わらないとしても、リスクを負担する機会費用というか、リスクを負担する能力は、経済主体によって違います。換言すると、リスク許容度が小さい主体もいれば、リスク許容度の大きい主体もいます。そうすると、同じリスクに対して、そのリスクを引き受ける対価として最低限これぐらい欲しいと思う額、反対側から言うと、そのリスクを避けるために最大限払ってもいいと思う額も違ってきます。これらの額をリスクプレミアムと呼ぶけれども、各主体のリスク許容度が違うと、主観的に要求するリスクプレミアムの大きさが違うことになります。

それで例えば、あるリスクに関して、たまたまリスク許容度の小さな主体がリスクを抱え込むことになって、「こんなリスクを抱えたくない。このリスクを手放すためであれば、二〇〇払ってもいい」と思っているとします。ところが、こっちにリスク許容度の大きい主体がいて、その主体から見ると、そのリスクを引き受けるのであれば、もちろんリスクというのはマイナスのものだから、引き受ける限り一定の対価は欲しいのだけれども、「一〇〇もらえば、これぐらいのリスクは引き受けていい」と思っているとします。

このように二〇〇まで払っていいという人と、一〇〇さえもらえば引き受けてもいいという人がいたとき、例えば間の一五〇で取引すれば、両方ハッピーになれるわけです。二〇〇の不幸だと思っていたものを、一五〇で縁が切れる。一〇〇で引き受けてもいいと思うのを一五〇で引き受けられたら、両方得になるというのがリスク取引の二番目の意義です。

リスク取引の三番目の意義は、将来に対する判断が主体によって違うため、リスクを取引することである種の情報、将来に関する判断を集約して、世の中に信号として発信する、そういう経済効果が期待できることです。資本市場がもっている情報発信機能みたいなものに寄与することになるというのが三番目の意義です。これはちょっと抽象的にすぎて、いまの説明だけでは分かってもらえないかもしれません。

追加して説明すると、全員が将来について同じように判断して、同じような情報を持っていて、同じように予想しているとすると、株取引なんか起こるはずがありません。この株は値上がりするはずだとみんなが思っているのであれば、売る人なんか一人もいないはずだし、逆にみんながこの株は値下がりするはずだと思っているのであれば、買う人なんか誰もいないはずだから、売り買いが成立しないわけです。

売り買いが成立するのは、将来について判断が違うからで、値上がりするだろうと思っている人は買おうとするし、値下がりするだろうと思っている人は売ろうとする。値下がりすると思っている人の株が売れたら、その人はハッピーなわけだし、値上がりするだろうと思っている人が株を買えたら、その人はハッピーなわけです。

リスクに関しても、こういう事故は起こりやすいと思っている人が売って、こういう事故は起こりにくいと思っている人が買えば、これは主観的なものにすぎないかもしれないけれども、それぞれの主体にとってはやはりハッピーなのですよ。

ということで、三番目はどれぐらい一般の人の疑問に対する説得力になるかどうか分からないけれども、一番目は少なくとも単なる賭博とは違う明らかな理由になります。二番目も、嗜好の違いがあればミカンとリンゴを交換することでお互いがよりハッピーになれるというのと同じ意味で、交換の利益がリスクについてもあるということです。

二つの市場構造

池尾◆次に、後の議論にも関連するから、ぜひ説明しておきたいのが取引所取引とＯＴＣ取引との区別です。

取引をする人が何人かいるとしましょう。そして、例えばＡが売り手で、Ｄが買い手だとしましょう。常に取引者の間にＣＣＰ（セントラル・カウンターパーティ）がいて、Ａは売るのだけれども、売る直接の相手はＣＣＰ。それをＤが買っているのだけれども、直接に買っている相手はＣＣＰ。最終的には、Ａが売ってＤが買っているということ

図3　取引形態

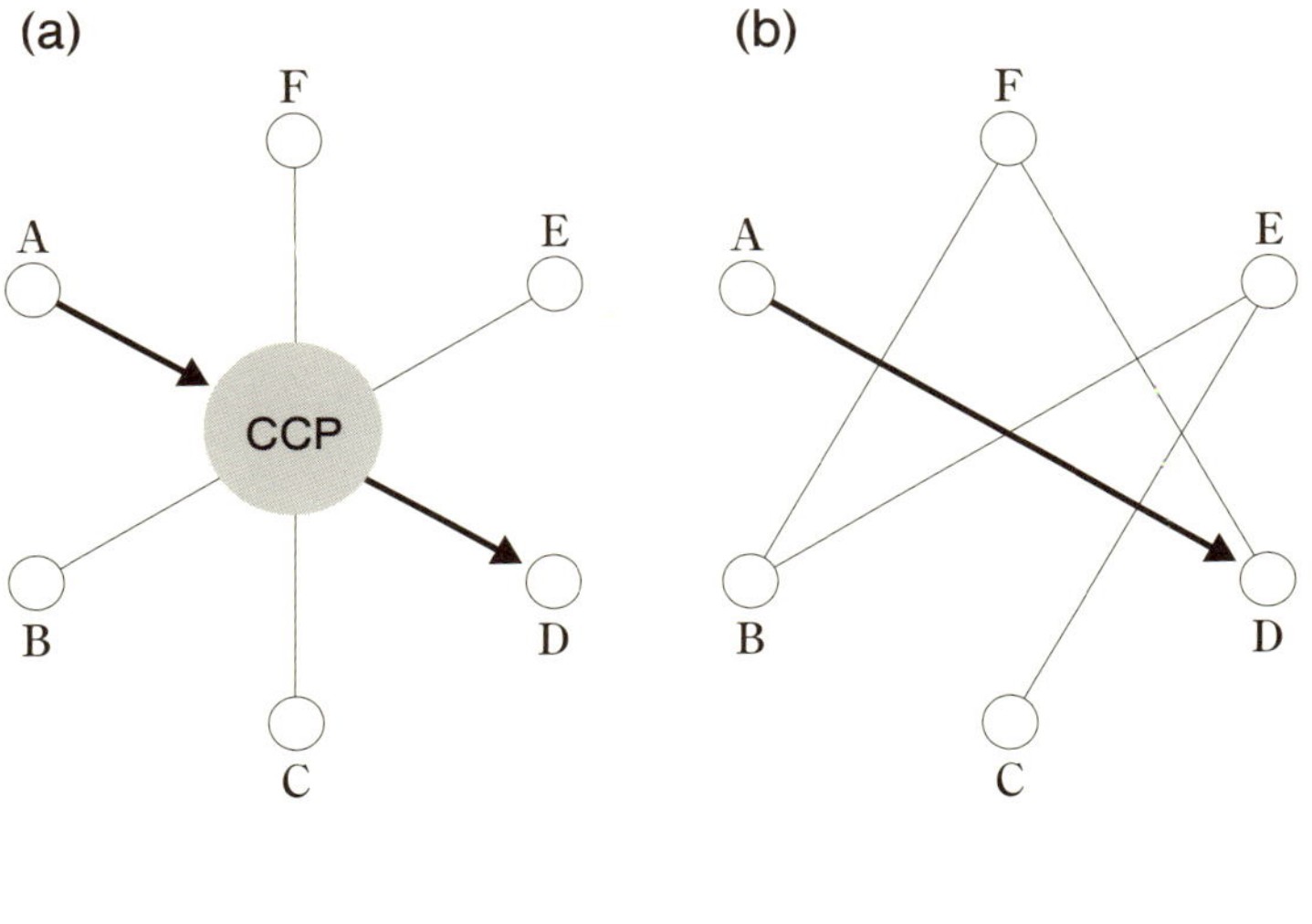

とになっていても、取引の直接の相手方はあくまでもCCPであるという仕組みになっているマーケットの構造があります。通常、CCPの役割を果たすのは取引所（exchange）なので、こうした形の取引を取引所取引、こうした構造の市場を取引所市場（**図3(a)**を参照）と言います。

これに対して、同じように取引する人がいるのだけれども、AとDが取引するときには、AとDの間で直接取引が行われる場合を、相対して取引を行っていることから、相対《あいたい》取引と言っています（**図3(b)**を参照）。

池田◆OTC取引と言うときがあるでしょう。それは相対取引と同じものと考えていいのですか。

池尾◆この場合は同じです。日本語では店頭取引ですね。現実の取引の場合、AとDが直接に取引するといったって、取引を中継ぎしているブローカーがいて、ブローカーの店先で取引をしていることになります。だから、日本語では店頭と言うし、英語ではブローカーのカウンター越しに取引をしているという意味でover the counter（OTC）と言います。ブローカーはいますが、それこそパススルーで通しているだけで、あくまでも二者間で取引をしています。

要するに、マーケットといっても二種類あって、中心のあるマーケットと、中心がなくて取引者間の取引関係の網の目があるだけのマーケットがあります。デリバティブに限らず、一般的にすべてのマーケットについて二種類あります。しかし、とくに金融取引に関しては、取引所取引なのか

ＯＴＣ取引なのかが重要な意味をもちます。

なぜ重要な意味をもつかというと、別に取引所取引でもＡとＤが取引しているんだという事実に変わりはないんだったら同じじゃないかと思われるかもしれないが、カウンターパーティ・リスクという話が入ってくると違ってくるわけです。ＡとＤが直接取引しているときには、取引相手のＤについて、この人が信用できるかどうかについてＡは基本的に悩まなきゃいけない。ところがセントラル・カウンターパーティのいる取引所取引の場合は、Ａはあくまでも取引所という基本的に安心できる主体と取引しているので、Ｄがもしデフォルト（債務不履行）を起こしたとしても関係ない。だから、取引所取引だと、相手方がちゃんと約束を守ってくれるかどうかということの心配をしなくて済む。

もちろん、取引所がつぶれるという可能性は絶対にないとは言いきれません。しかし、取引所はつぶれないように、相手から保証金とか、証拠金を取って債務不履行のリスクを抑える手だてを並行して取るから、取引所がつぶれることまでは考えなくていいとすると、この場合はカウンターパーティ・リスクを心配しなくてもいい。

ＯＴＣ取引はそうじゃなくて直接当事者がやっているわけだから、Ｄが約束を守ってくれるかどうか、Ｅがちゃんと約束を守ってくれるかどうかを心配しなきゃいけないというカウンターパーティ・リスクがあります。

ただし、取引所取引の方がカウンターパーティ・リスクがない分、必ずいいかといえば、別の面でデメリットがあります。相対で直接やっていると、カスタマイズした取引ができます。ＡとＤの個別事情だけを反映させて取引の条件を変えるとか、そういうきめ細かな取引条件を設定して取引することが可能なわけです。ところが、取引所取引の仕組みでは、ある程度、標準化しておかないと取引が成り立たないため、規格化された取引しかできません。要するに、ＯＴＣ取引はオーダーメードでカスタマイズした取引もできるという点でメリットがあります。

それゆえ、標準化された取引で十分で、カウンターパーティ・リスクが心配なときには、取引所取引が選ばれ、カウンターパーティ・リスクをそれほど心配しなくてもよくて、かつカスタマイズされたきめ細かい条件の取引をしたいときには、ＯＴＣ取引をするという棲み分けになります。

九〇年代に入ってデリバティブ取引が急拡大しました。それはＯＴＣデリバティブと呼ばれるものが中心です。ということは、カウンターパーティ・リスクもそれに伴って急拡大していったわけです。ところが、それをあんまり心配していなかった（笑い）。

池田◆リスクをこれだけいろいろヘッジしてやっているのに、一番大きなカウンターパーティ・リスクをヘッジしていなかったというのが信じられない。みんなそろって抜けていたとしか考えられない。ＣＤＳで債務不履行のリスクを売買しているけれど、そのＣＤＳを売っている投資銀行そのものが債務不履行になったらどうするのか、というのは私みたいな素人が考えても分かる。確かに稀なテールリスクだけど、彼らはリスク管理の専門家でしょう。バブルってそういうものなんでしょうけどね。

池尾◆だから、高度な金融技術に基づいてリスク管理をしていたのに問題が起きたんじゃなくて、カウンターパーティ・リスクというのをちゃんとリスク管理しなかったから問題が起きたにすぎません。

池田◆補足ですが、外為市場というのは基本的に相対です。電話でお互いにやっていて、取引所はないわけです。短資会社が一応やっているけど、あれは本当にスルーするだけです。つまり外為取引というのは基本的にはＯＴＣなんだけれど、今回みたいな問題がなぜ起きないんでしょうか。

池尾◆為替の場合になぜ起きないかというと、結局、ペイメント・バーサス・デリバリー（ＰＶＤ）なのです。要するに、カネを渡して物を受け取るということを同時にやれば、カウンターパーティ・リスクの心配をしなくていいわけです。

約束だから問題になるのであって、相対取引であっても、そして相手がどんなに信用できない人間であっても、物を受け取って代わりにカネを渡しているのであれば、カウンターパーティ・リスクはありません。為替の取引は円を渡すと同時にドルを受け取る。その限りではカウンターパーティ・リスクは心配しなくていい。

昔、ヘルシュタット銀行というドイツの銀行が破綻したとき、時差とかの関係で先にマルクを渡していたのだけれども、代わりのドルを受け取るのに時間的ラグがあって、その間に銀行が倒産して受け取れず、為替で穴があいた。これを教訓にして、いまはもう必ず同時履行だから、カウンターパーティ・リスクを心配しなくていい。

その3 投資銀行の成功と変質

――アメリカ資本主義を救った投資銀行

池尾◈それでは、投資銀行の話に入ります。一九七〇年代のアメリカの停滞の一つの原因として大企業病があります。具体的には、エンパイアビルディング（帝国建設）と一般に言われていますが、全然無関係な業種まで取り込むコングロマリット化が七〇年代には盛んに行われました。全然関係のない、シナジーがまったく期待できない業種を取り込むことで、収益が全体として安定すると言われていました。

その結果、バラバラに見たときの企業価値の合計よりも、全体としてのコングロマリットの企業価値が小さくなるという、コングロマリットディスカウント現象が起きました。すると、まとめて安く買って、バラバラにして売ると、そのディスカウント分が利益になるということで、企業買収ブームが起きるようになります。

その際、買収しようと思っている企業の資産を担保にカネを借りるという大胆な発想の金融手法であるレバレッジド・バイアウト（ＬＢＯ）が使われるようになりました。そのためのファンディングの手段としてのジャンクボンド市場が誕生します。そういう面で一種の革新がありました。このあたり、ちょっと説明してください。

池田◆これも元はといえば、情報通信産業で盛んになったと言われています。有名なのは、一九八〇年代に**ＭＣＩ**（アメリカの長距離電話会社）がジャンクボンドで当時最大の資金調達をしました。当時ＡＴ＆Ｔが長距離回線から地方の回線まで全部持っていたけれども、長距離回線というのは儲かるわけです。ローカルの回線というのは効率が悪いから持ちたくない。

そこでＭＣＩは、マイクロ回線を使って長距離回線だけＡＴ＆Ｔより安い料金で売る会社を設立しました。それに対してＡＴ＆Ｔが相互接続を拒否して、ＭＣＩは「反トラスト法違反だ」という訴訟を起こしたのです。最終的にはＡＴ＆Ｔが負けて、それが分割につながるわけですが、その後も多くの訴訟を抱えながらビジネスをやるので、ものすごくリスクの高いビジネスです。訴訟に負けたら会社はつぶれるので、普通の投資家は投資してくれない。そこでリスクの好きな人から資金を集めるために高い金利をつけるジャンクボンドの市場が生まれたのです。

そのＭＣＩのジャンクボンドを起債したのが、マイケル・ミルケンというドレクセル・バーナム・ランベール（アメリカの投資銀行）のボンド・トレーダーです。映画『ウォール街』のゲッコーという主人公のモデルになりました。彼はこの他にも、ケーブルテレビ大手のＴＣＩや携帯電話のマッコー・セルラーなどの資金調達を手がけ、アメリカのＩＴ産業に大きな貢献をしました。こうした資金力のない新興企業が通信やケーブルテレビのような巨額の設備投資を必要とする産業に進出できたのは、ジャンクボンドのおかげと言ってもいいと思います。

さらにすごいのは、ミルケンが企業買収の資金を買収先の企業の資産を担保にして調達するという仕組みをつくったことです。まだ自分のものになっていない会社を担保にして起債するので、買収に失敗したらジャンクボンドは紙切れになる、究極のハイリスク・ビジネスです。もちろんリスクは高いのだけれど、金利も高い。

ミルケンが発見したのは、ジャンクボンドのリスクは、普通思われているより低いということです。だからジャンクボンドを引き受けて企業から高い手数料を取れば、確実に儲かる。そこまではよかったんだけれど、そういうことをやっていると、この企業にＬＢＯがかかるといった情報が事前に漏れてくるので、その情報を使ってインサイダー取引をすれば儲かることになります。一時、ミルケンは、年収が五億ドルと言われました。

それをルドルフ・ジュリアーニ（のちのニューヨーク市長）が一九八六年に検事として摘発して大スキャンダルになり、ミルケンは逮捕されてドレクセルはつぶれます。その頃有名な『野蛮な来訪者』など、企業買収を扱った本がたくさん出て、ウォール街は強欲で野蛮な連中だというおなじみの話が出てくるわけです。

もちろん、そういう面もあったのですけれど、それが経済にとってマイナスだったのかというのは、経済学者がその後、いろいろ追いかけて調べてみた。有名なのはマイケル・ジェンセンの研究で、ＬＢＯで負債によって買収した企業を効率のいい部分だけ残して切り売りして効率を上げ、三年から五年後にもう一度、株式市場に再上場します。その時価総額を比べると、平均して企業価値が二倍から三倍ぐらいになっている。

最近の金融危機についても、「強欲資本主義」などと批判する人が多いけれど、資本主義はもともとアダム・スミス以来、自分の利益を追求する人々が集まることによって、結果的に経済がプラスになる仕組みなんです。人々が私利私欲を捨てて社会に貢献しましょうという建前でつくった共産主義は、とんでもない結果になった。個人の動機の良し悪しと社会的な結果は、分けて考えないといけないと思います。

池尾◆その通りで、例の「地獄への道は善意で敷き詰められている」という警句がありますよね。もともとはダンテの『神曲』か何かの一節らしいんだけれども、マルクスが『資本論』の中で引用していて、むしろマルクスの言葉として知られています。地獄への道は善意で敷き詰められていて、よかれと思ってやったことが最悪の結果を招くということは、世の中に珍しくないわけです。

強欲というか、グリーディーがある種の資本主義の原動力であることは確かであって、だから角を矯《た》めて牛を殺すような形の強欲批判というのは、やっぱり間違っていると私も思います。ただし、むき出しの強欲がいいかとなると、そこは違うというところがあって、いかに原動力としての牛を殺さない形で制御するかということを考える必要があると思います。しっかり牛の鼻に輪っかを付けて、牛を殺しちゃったらだめだけれども、やはり暴走しないようにはしなきゃいけないみたいなところで、制度設計という問題がたぶん出てきます。

池田◈もちろん欲望のままにやればいいということじゃなくて、ルールが必要ですが、あらゆる問題を事前に予測して封じるというのは不可能だと思います。二〇〇一年にエンロンやワールドコムなどが破綻したとき、**SOX法**ができて、企業の内部監査に大変なコストがかかるようになった。その結果、ニューヨーク証券取引所に上場すると財務コストがかかるので、アメリカの企業がロンドン証券取引所に上場するといった事態が起きています。ところがSOX法が今回の問題を防げたかというと、何の役にも立たなかった。だから事前に問題を防ぐためにがんじがらめに規制するのではなく、何か起きたら処罰を行うルールを決めるしかないと思います。

■――影の銀行システム

池尾◆その話はまたすると思いますけれども、要約すると八〇年代から九〇年代前半にかけてのM&Aは、見方によっては非常に野蛮な面があったけれども、停滞していたアメリカの企業社会を活性化させるような側面は明らかにあったし、企業価値を高める効果があったということは評価すべきだということですね。

その後、九〇年代の後半からM&Aも洗練されてきました。敵対的というか、非友好的だったりしても、非常に洗練された形で行われるようになってきて、M&Aのマーケットも成熟化していきます。成熟化とともに、M&A関連ビジネスの収益率も落ちてきます。

投資銀行は、現在の会計事務所とかと同じで、昔はパートナーシップの組織でした。規模の大きな組織ではなくて、職員数も多くないのが普通だったのが、ビジネスが成功した結果、大規模化していきます。パートナーシップから株式会社化する動きが九〇年代には生じるわけです。最後に残ったパートナーシップの投資銀行がゴールドマン・サックスで、それが株式会社化して株式公開をしたのが一九九九年。このあたりまでは、投資銀行は成功物語でずっと来るわけです。

成功して儲かったため規模も大きくなり、株式会社になって上場するところまで来たけれども、M&A市場は成熟化して収益率が低くなってくるということで、別の形で儲ける必要性に迫られてきた。これが二〇〇〇年以降の投資銀行だと思います。

そこで投資銀行はずいぶん変質したと思います。二〇〇〇年までの投資銀行と二〇〇〇年以降の投資銀行は違う。二〇〇〇年以降はずいぶん変質する。投資銀行というのは日本で言えば証券会社みたいなものだと言われますけれども、証券会社はもともとはブローカーであり、ブローカレッジが基本なわけです。ところが、二〇〇〇年代に入ってからの投資銀行は、自らポジションを抱えるような存在に変わった。これだけ見ても大きな変質なわけです。

リーマン・ブラザーズは破綻時点で六四〇〇億ドルの資産を持っていた。こんなのは証券会社だとは言えない。日本の証券会社も、大手は預かり資産とかでアセットを積み上げていますけれども、要するに自らアセットを積み上げてポジションを持っているという意味では、ある種、それこそバンクだと言えます。

そうした実態があったにもかかわらず、ブローカーだからつぶれたって影響が少ないからということで、規制の対象外に置いてきたことが、今回の危機の一つの原因だと思います。ただし、実は規制監督当局がまったく無知だったわけではなく、投資銀行の業務内容が明らかに変わってきていることに気づいてはいました。それゆえ、ある種の規制の網をかけるべきだという認識はあったと言えます。

それが、一言で言うとウォール街のロビー活動でつぶされてきた。ブッシュ政権のイデオロギーの下で、規制の枠を広げることにストップがかかった。バンキングシステムになっているのであれば、当然、普通のバンクにかけられている程度の規制をかけるべきなのに、それをかけない、より正確には、かけさせないできた。そのために、影の銀行システム（shadow banking system）と呼ばれたりするような実情になっていたということが、やはり今回の危機の一つの原因として指摘できます。

池田◆これで投資銀行そのものに意味がないとか、日本の銀行も本業に返れと言う人がいるけれど、そこがまだ二〇年ずれていると思うのです。投資銀行がだめになったから全部やめて、昔のカネ貸しに戻ればいいんだということにはならない。

池尾◆商業銀行に戻ればいいというのは論外だとして、ただ投資銀行については、これまで述べてきたように、私はこの一〇年間で変質したと思っていて、投資銀行の原点に戻るべき必要はあると思います。自分でポジションを抱えて儲ける商売じゃなくて、企業の財務上の問題解決のためのサービスを提供するという業務が本来の投資銀行の原点のはずで、そういう業務の重要性は全然失われていません。投資銀行は規模を縮小して原点的な業務に立ち返るのが、とりあえずの正常化の姿じゃないかとは思っています。

■――暴走した投資銀行ビジネス

池田◈金融商品は昔は特許が取れなかったので、新しい証券を出してもみんながまねして、すぐ利ざやがなくなる。じゃあどうするかというと、投資銀行が売り出した証券そのものは競争的な市場で取引されて相場が立っているのだけど、その証券でCDOなどのストラクチャーを組み、さらにそれを組み合わせた複雑にカスタマイズされた金融商品をつくると、顧客には中身が分からなくなって儲けが取れる。つまり、昔は世の中にあった利ざやを取って儲けるビジネスだったのが、利ざやを作り出すような強引な仕組みになっていた。

池尾◈だから、それはもうやっぱり変質した姿なわけです。世の中には何らかの理由で歪みが存在している。存在している歪みを利用して儲けることは、プラスの意味が世の中に対してあります。しかし、歪みが常に転がっているわけじゃない。八〇年代はわりと転がっていて、それを利用して儲けていたのだけれども、それが尽きてくると、自分で歪みを作り出すようになった。自分で歪みを作り出して儲けても、それは他の主体から収奪しているだけだから、社会全体で見ると新たな価値を生み出したことになっていない。そういう段階に来たから、私は変質したと言っているわけで、それは社会的に存在意義も薄れたわけです。

池田◆投資銀行の社員の話を聞いても、あくどい商売だという自覚はあります。そういう意味では強欲資本主義という批判は当たっていなくもない。しかし投資銀行の顧客はプロなんだから、「騙された」という話は通らないでしょう。

池尾◆ただ、今後、世の中に歪みが一切発生しないかというと、そんなことはない。いろいろな理由で世の中に歪みが発生してくるから、それを是正する商売があったっていいわけで、発生した歪みを是正する商売としての投資銀行業務というのは、一定の範囲で存在意義はあるし、これからも続いていくと思う。ただ、やはり肥大化したんだね。

池田◆最後はルールの問題だと思うんですよ。投資銀行のビジネスが暴走したことが分かっているなら、格付会社が金融商品を厳正に格付するルールをつくるとか、監視する仕組みが必要だった。

池尾◆その点は第６講で本格的に議論したいと思うけれども、さっき言ったように、それは分かっていたんだけど、それをさせなかったということだと思います。ウォール街とブッシュ政権の間に癒着構造というか、腐敗が存在していた可能性が疑われるということ。

池田◆外資系の投資銀行は、日本法人にも中身が分からないような、ニューヨークの本社でつくった複雑なストラクチャーを日本でバラ売りして、ものを知らない邦銀を騙して儲けるというビジネスにだんだん傾斜していった。そうなってくると何が頼りかというと、トリプルAとかいう格付だけ見ているわけです。中身は完全にブラックボックスになっていて、頼りは格付だけという、非常に危ない状態でずっと来たわけです。そんなことを当局が分かっていないわけがないでしょう。

池尾◈分かっていないことはないわけです。そういう意味で言うと。今回の経済危機は「政府の失敗」です。ブッシュ政権の基本的なスタンスに加えて、ゴールドマン・サックス出身者が政権内で重要な位置を占めていたというような現実があったことは、客観的な事実だといえます。

第4講

金融危機の発現メカニズム

―非対称情報とコーディネーションの失敗―

池田◆投資銀行が大きな存在になってきた中で、いままでと違う形の金融危機が起こった。これは世界的に見ても、経験したことのないタイプの金融危機と言っていいわけですね。

池尾◆「金融危機ほど経済学でありふれたテーマはない」とキンドルバーガー（**文献4**）が言っているくらい、金融危機は歴史上繰り返し起こっています。ただし、まったく同じことが繰り返されているわけではもちろんなくて、必ず新しい要素、新しい意匠を伴って新たな危機は訪れます。だから、今回の危機についても、新しいファクターが果たした役割をしっかりと分析しないといけない。しかしそれと同時に、金融危機である以上、共通したメカニズムが働いているところがあります。

したがって、この講義では、まず金融危機に共通したメカニズムを押さえた上で、最後に今回の危機の新しいファクターがどういう役割を果たしているかをできるだけ理論的に整理したいと思います。本書の議論の経済理論的基礎を明らかにしておくことが、ここでの目的となります。

その1

過剰投機はなぜ起きる：エージェンシー問題と「美人投票」

よい投機と悪い投機

池尾◆金融危機である限り、投機が行きすぎて、それが行き詰まって崩壊が生じるというパターンがある。投機の行きすぎ、すなわち過剰投機がなぜ起こるのかというところから問題を考えてみることにします。

ただし、日本では、「投機」という言葉が非常にあいまいに、基本的にネガティブなイメージを持って使われています。極端にいうと、金融市場で起こっている、いかがわしい類のことはすべて投機と表現しているようなところがあります。それゆえ、経済学でいう投機と世の中で言われている投機というのとは、意味内容がかなりずれている可能性があります。この点については留意が必要です。

例えば、日常語では、しばしば「投機マネーが流入した結果、価格が値上がりした」とか表現したりします。そこでの投機というのは、買い占め行為とか、相場操縦的な行為とかを言っている感じが強い。すなわち、価格操縦、英語のマニピュレーションを投機と呼んだりすることがあるわけです。

しかし、経済学上の概念としては、投機（スペキュレーション）とマニピュレーションはまったく別ものです。経済学的な意味での投機というのは、リスクテイクのことです。私は経済学者ですから、経済学的な意味で用語を使いたいと思います。すなわち、以下で投機というのは、将来に関する自分の判断が正しいということに賭ける形のリスクテイクのことを意味していると理解してください。

投機の役割に関しては、昔から議論がいろいろとあります。その中でも、投機に関する経済学的な見方を代表するものとして、ミルトン・フリードマンの見解があります。ただし、これは、投機に関する経済学的な見方といっても、わりと古典的な見方になります。ミルトン・フリードマンは有名ですけど、「成功した投機はよい投機、失敗した投機は悪い投機」ということを言っています。

例えば、将来値上がりすると投機家が予想したら、値上がりする前に買っておくことになります。それでその判断が正しくて、実際に価格が値上がりしたら、そこで売ることになります。すると、その行為は価格変動を和らげるような役割を果たしていることになるわけです。値段が低いときに買って需要を増やし、値上がりしたときには売って供給を増やすわけだから、投機が成功すると、それはむしろ価格変動を和らげるという社会的にも望ましい効果を果たしているといえます。

投機家が個人的に儲かるというだけではなく、世の中のためにもいいのだと、そういう意味で成功した投機はよい投機であるとフリードマンは言っているわけです。逆に投機家の判断が間違っていて、値上がりすると思っていたところ、実際には値下がりしたとすると、この場合の投機は逆に価格変動を増幅する効果をもち、世の中に迷惑をかけることになります。だから、失敗した投機は悪い投機ということになります。

しかし、その場合には、その投機家は大損するという形でペナルティーを科される。だから、投機はやみくもに行われるものではない。失敗したら、投機家は大損するという制裁を受けるのだから当然慎重になる、そこにはある種の抑制が働くはずである。そういう意味で、悪い投機は淘汰され、全体としてはいい投機の方が多くなると考えられる。だから、投機は経済にとって望ましい面の方が強い。以上が、古典的な理解なわけです。

しかし、そういう古典的な、ある意味で投機に対するナイーブな見方は、現在の経済学では修正されるべきだという考え方の方が強くなってきていると思います。

■――効率的市場仮説は成り立つのか

池田◆関連して、**効率的市場仮説**は成り立つのかという問題についても論争がありますね。

池尾◆いまの議論は、確かにそうした問題と関連しています。要するに、ファンダメンタルズから乖離した価格（ミスプライス）が長続きするか否かという話になるわけです。効率的市場仮説は、市場で成立する価格は、基本的にファンダメンタルズを反映した価格であるとみる。市場価格がファンダメンタルズを反映した価格であるというのを支えるロジック、支える活動が投機なわけです。投機家というのは、日本で普通思われているように、やみくもにリスクを取っているわけではなく、自分で情報を集めて処理し、将来の価格を予想して、自分の結論が正しいだろうということに賭けるわけです。

将来の市場価格はファンダメンタルズに回帰するはずだという前提に立てば、まさに投機家はファンダメンタルズを反映した価格を探っていることになるわけで、投機家がいろいろな情報を集めて判断したファンダメンタル価格よりも、いまマーケットで付いている価格が安ければ、投機家は買うわけですし、高ければ、売るわけです。

ファンダメンタル価格がはっきり分かっているときには、アービトラージ、裁定行動が取られます。割安だと買いポジションをとって、割高だったら売るという行動です。このアービトラージ、裁定と呼ばれる活動とか、あるいは最初に言った投機という活動がファンダメンタルズをめぐって展開されれば、市場価格は一時的にファンダメンタル価値から外れることはあっても、基本的にはファンダメンタル価値を反映したものになるはずです。それゆえ、マーケットは効率的な価格形成を行うはずだというのが、古典的見解なわけです。簡単に言うと、ミスプライスは長続きしないというのが伝統的見解です。

しかし、最近はファイナンス理論の中で見方の転換が起こっています。古典的な見方がなぜ見直されるべきなのかというと、二つの論点があります。

一つは、エージェンシー問題の存在です。現代は分業社会で、すべてのことを自分で行うのではなく、いろいろなことを他人に頼んでやってもらう場合が多い。このとき、頼まれて代わりにやる者（代理人、エージェントと呼ぶ）が「頼んだ者（依頼人、プリンシパルと呼ぶ）のために最善を尽くす」と言いながら、実は自分の利益だけを追求するような行動をとる可能性が無視できません。こうした可能性のことを経済学では、一般に「エージェンシー問題」と呼んでいます。

フリードマンの議論での投機家は、暗黙のうちに自己資金で投機をやっている人間を想定しています。自己資金で投機をやると、失敗すれば自分自身が大損する形で制裁を受ける。だから、それなりの抑制が働いて、慎重に行われるはずだということになります。しかし実は、現代の金融資本市場だけでなく、大昔のヨーロッパのマーケットでも、自分のカネではなく他人のカネを預かって投機をしていることが圧倒的に多いわけです。この場合、実際の資金の出し手である投資家がプリンシパルで、投機家はそのエージェントだということになり、エージェンシー問題が存在することになります。

投機家が、自分のカネじゃない他人のカネで相場を張っているのならば、インセンティブ（誘因）が歪むということが考えられる。ヘッジファンドのファンドマネジャーを考えてみると、例えばそのファンドマネジャーは、一〇億ドル儲けたら、成功報酬として一割の一億ドルをもらえることになっていると想定します。しかし、そうなっていたとしても、逆にそのファンドマネジャーが一〇億ドルの損失を出したら、その当人がその一割の一億ドルの損失分を弁償することになっているのかというと、そういうことはないわけです。

投資に失敗したら制裁を受けるかもしれないけれど、それはたかだかクビになる程度なわけです。成功するとすごい利益を手にでき、失敗しても大半は他人のカネだから、他人が損をするだけで、自分の痛手は限定的である。こうなると、過度なリスクテイクを行うインセンティブが生まれてくることになります。これがエージェンシー問題です。

エージェンシー問題を考えると、フリードマン流の投機に関するナイーブな考え――フリードマンをナイーブと言うのはかなり失礼ですけれども――そういう古典的見解は修正されざるを得ない。これが一つ目の論点です。

二つ目の論点は、投機家が将来の価格を予想して行動するとき、その最適な推定値は、本当にファンダメンタル価値を探ることなのかという問題です。これは、よく知られているケインズのいわゆる美人投票の問題にほかなりません。

ビューティコンテストの優勝者を当てれば賞金が得られるとします。ファンダメンタル価値を探るのは、譬えで言えば、誰が本当に一番美人かを判断することに相当します。美人投票で誰が一位に当選するかは投票の結果だから、誰に投票が集まるかを予想しなきゃいけないのだけれども、投票する一人一人の投票者が一番美しい人に単純に投票するのであれば、ファンダメンタル価値を選べばいい。しかし、自分の審美感から言うとAが一番美しいはずだけれども、近頃の流行からいうとBじゃないかといったことがあるとすると、他の投票者、あるいは金融資本市場で言えば、他の投資家がどういう行動を取るかを予測する方が、実はゲームに勝つ近道だという可能性が生じます。金融資本市場でファンダメンタル価値がいくらかを探るより、他の投資家がどういう行動を取るかを予測する。明らかにファンダメンタル価値を外れた価格が付いていても、他の投資家がその価格で取引することが何らかの理由で予想できれば、そっちの価格の方が将来の市場価格を占う上では重要になるわけです。

繰り返すと、フリードマン流の古典的な投機理論は、自己資金で、かつ周りとは関係なく独立して投資している投機家を想定している。これらの点が、現代の金融資本市場での投資行動を考える際には修正される必要がある。他人のカネを預かって投資をする機関投資家が大半を占めていること、投資家相互の間で相手の出方を読みながら戦略的依存関係を意識しながら行動している。これらの点を考慮して考える必要があるということです。

池田◆行動ファイナンスと言われる、投資家の心理の読み合いでもって相場が形成されていくという考え方が、最近は盛んになってきています。

池尾◆行動ファイナンス的な考え方が盛んになっているのは事実です。しかし、市場参加者が古典的な経済学が想定してきたような合理的な投資家ばかりであったとしても、相互に依存している戦略的依存関係にあることを読み込んで行動する状況は想定できます。そうした状況では、行動ファイナンスを持ち出すまでもなく、ある種の群れ行動、ハーディングビヘイビア（横並び）が起こります。行動ファイナンス的な要素を考えれば、なおさらそういうことが起こり得るということです。

池田◆実証的なデータとしても、必ずしも効率的市場仮説は成り立っていないというのが、最近は言われ始めています。有名なバートン・マルキールの『ウォール街のランダム・ウォーカー』（**文献5**）は、効率的市場仮説を最初のバージョンからずっと言ってきたわけですが、一つ前ぐらいのバージョンから、若干どうかなみたいな感じになってきて、一番新しいバージョンでは、はっきり成り立たない場合があるという言い方になっています。

あの教科書が出た最初の頃は、効率的市場仮説に基づいて投資戦略を立てるというのは、それなりに新しい戦略だったわけです。投資信託のようにファンドマネジャーがいろいろやっても市場には勝てない。平均株価みたいな指数を買った方がずっと儲かる。確かに長期で見たら、指数の方が三倍ぐらい儲かるみたいなんだけど、短期では個別の投資ファンドの方が高いリターンを上げるという場合もあるということをマルキールも認めています。

池尾◆経済学の法則は発見されてしまうと、人間はその法則に基づき、それを織り込んで行動するようになります。ある投資戦略を取ると必ず儲かるというのは効率的市場仮説に反するアノマリーということになりますが、そういう投資戦略を取れば儲かると分かると、模倣者が増えて、結果的に裁定が働いてしまって、その投資戦略は成り立たなくなるというのが普通です。それが自然科学的な法則とは違う点です。

そういう意味では、アノマリー的なものがあったとしても、発見されるとどんどんつぶされていく。すると、最終的に効率的市場仮説が成り立つ状況になるという発想が、かつてはありました。ところが最近は、エージェンシー問題に根差した形で、ある種のセカンドベストとして、ミスプライスの持続があり得るという理解になってきています。

無理解な経済学批判

池田◆金融危機にいつも出てくる教祖は、ジョージ・ソロスです。日本でもソロスのまねをして、経済学は間違っているとか、「市場原理主義」をやめろとかいう話をする人が多いのだけれど、どう思いますか。

池尾◆経済学が常に正しいとは、全然思っていません。経済学が進歩しているということは、必ずしも正しくないところもあるという話だと思っています。しかし、世の中で経済学が間違っていると言う人は、進化している経済学を固定化して、ある時点での経済学の見解を経済学の絶対的な見解であるかのようにみなして批判しているケースが圧倒的に多いように感じます。

ところが、実際の経済学はもっと動的に変化している。あるときまではそういう考え方が支配的だったとしても、次の時点では変わっている。過去のある姿を固定化して批判している人の論点は、批判が出ているときにはそんなことは当たり前という感じになっていて、経済学研究はすでに前に進んでしまっていることが珍しくない。

ケインズが『一般理論』の結びのところで、世の中の政治家や実業家は、何十年か前の古い経済思想の奴隷であると書いています。私は理論経済学の最先端をやっているわけではなくて、応用経済学者だから、理論の最先端よりは一歩か二歩遅れたところで研究活動をしている。そこよりもさらに五年から一〇年、世の中の経済学に対する理解は遅れていると思わざるを得ないことがよくあります。

池田◆それは深刻な問題で、この本の一つの目的もそのギャップを埋めることです。一般庶民はしょうがないとして、官僚とか政治家とか、それからメディアも最近では政策形成に関与しているのだから、最低限度の常識を持ってもらわないと困る。

最近、ハイマン・ミンスキーが銀行関係者や政策担当者によく読まれていますが、言っているのは素朴なことです。効率的な「ヘッジ・ファイナンス」ばかりではなく、美人投票のような「投機的ファイナンス」や、他人に損を押し付ける「ねずみ講ファイナンス」もあるという話ですが、理論的な分析なしに「資本主義は本質的に不安定だ」という結論に飛躍してしまう。そこが逆に昨今もてはやされる理由なんでしょう。

池尾◆少なくとも、経済学の道具箱にはいろいろな道具があるということは知っておいてほしい。普通、世の中の人が思いつきそうなアイデアは全部実はあるので、経済学はこういうことを見落としているとかいう話はあり得ない（笑い）。かなり頭のいい人が思いついたようなことでも、過去何百年の歴史の中で一度も思いつかれていない新しいアイデアなんていうのは、人類社会にほとんどない。かつて思いつかれたことのあるアイデアのうちで、それなりに意味のありそうなことは全部、経済学の道具箱の中に一応あると思っていただいた方がいい。

だから、倉庫に行けば取ってこられる。ただし、普通議論をしているときには、標準装備で議論をしているから、標準装備の中には適切な分析道具が入っていないかもしれない。でも、そういうものが必要な状況に直面したら、ちゃんとオプションとして、必要な分析道具を取ってくることはできます。何か道具そのものがないみたいな批判の仕方は、基本的に分かっていないと思います。

その2

取り付けの合理性とリスクテイク

――銀行の脆弱な財務構造

池田◆今回の特徴は、先進国では起きないと思われていた取り付けが「影の銀行システム」という意外なところで起きたことでした。この取り付けというのも、合理的に説明できるわけですね。

池尾◆そうです。金融危機の中でもバンキングパニック（銀行危機）は一つの大きな類型なわけです。金融危機の典型的イメージの一つは株価暴落で、画像的にはニューヨーク証券取引所のトレーダーが呆然としている姿を映すというのが考えられます。もう一つの金融危機の典型的イメージは取り付けで、銀行の前に預金者が列をなしているという姿です。これらが、金融危機の二大類型と言えるでしょう。

第1講で述べたように、今回のアメリカの危機は実は本質的には銀行危機に近く、取り付けが起きたという理解をしています。それゆえ、銀行取り付けのメカニズムを改めて説明しておきたいと思います。

現在の銀行は、ある意味ですごく脆弱な財務構造の下で運営されています。というのは、普通預金や当座預金という、いつ引き出されるかもしれない手段（要求払い預金）でお金を集め、それで長期の貸し付けをしたり、債券投資をしたりしているからです。本来、すごく危ない仕組みなわけです。長期の貸し付けをするのであれば、少なくとも、その貸し付けの期間に見合った満期限をもった手段で資金調達をしないと危ないわけです。

一年間の貸し付けをするのだったら、一年間は払い戻せませんよということでお金を集めていたらいいわけだけれども、一年たたないと返ってこない貸し出しをしているにもかかわらず、いつでも払い戻しますという約束の預金でお金を集めているのは、考えようによってはすごく危ないことをやっているという話になります。

危ない財務構造をもっていることには、何か意味があるはずです。社会的な意義がなかったら、そんな危ない構造を採用することは正当化されない。そうした構造を採用することによって、銀行は何か大きな社会的な役割を果たしていると考えられる。

池田◈その辺のことについて明らかにしたのが、有名なダイヤモンド＝ディビッグの論文（**文献6**）ですね。

池尾◈やや細かくなりますが、その論文の内容を少し説明します。

まず、迂回生産の利益の存在が前提になります。短い時間ですぐ成果が得られる投資案件や生産技術より、成果が得られるまでに長い時間がかかる投資案件や生産技術の方が収益性は高いというのが、迂回生産の利益です。すぐに成果が得られる案件はリターンが低く、時間がかかる案件の方が複利で考えてもリターンが高くなる。ただし、成果が得られるまでに長い時間がかかる案件を途中でやめると、短い期間で成果が得られる案件に比べて、さらに悪い結果しか出ないとします。

途中でやめても、短い期間で成果が出る案件より高い成果が上がるなら、そっちばかりをやればいいという話になってしまいます。問題として意味のある状況を考えるために、途中でやめると惨憺たる結果になるけれども、長い時間やり切れば高い利益が得られるという投資機会と、リターンは少ないけれども短期で成果が上がるという投資機会とがあるとします。説明の簡便化のために、前者は二年かかり、後者は一年で済むとしましょう。

次に、他方で不意の支出がいつ発生するかもしれないという不確実性、リスクがあるとします。一年後にお金を使わなきゃいけないことになるか、二年後にお金を使わなきゃいけないことになるかよく分からない。これも話を簡単にするために、社会全体で半分の人には、一年後にお金を使わなきゃいけない必要性が発生し、残り半分の人には、二年後に初めてお金を使わなきゃいけない必要性が発生するとしましょう。

このことは分かっているとします。だけど、自分がどっちになるかはよく分からないとします。そうすると一年後に、もしかすると支出の必要性が生じるかもしれないわけだから、個人個人で対処するとなると、全員が一年後に成果が出るような投資しかできないということになって、せっかくの迂回生産の利益が生かせないことになるわけです。

ところが、全体としては半分の人しか一年後にお金を使わなきゃいけない必要性に迫られないはずなのだから、全員の貯蓄をプールして、半分は一年後に結果が出るような短期投資をするけれども、残りの半分は二年後に結果が出るような長期投資をするという、そういう保険のシステムを作れば、問題はもっと能率よく解決できるということです。

このとき、一年後にお金を使う必要性が発生したか、二年後に発生したかが証明できるのだったら、普通の保険の仕組みで対処できます。けれども、一年後に支出の必要性が発生したことを、ほかの人に立証できない。個人的な事情なので、本当に生じたのか生じてないのかを証明できないという状況を考えると、銀行制度のような仕組みがすごくいいというのがダイヤモンド＝ディビッグの主張です。

複数均衡の存在

池田◆支出の必要性が生じたかどうかが本人にしか分からないから、請求があればすぐに払い戻しますという要求払い預金のような契約をするしかないわけですね。

池尾◆支出の必要性が発生したかどうかについて「情報の非対称性」があるようなケースを考える

と、銀行制度が社会的厚生を高める仕組みとして非常に優れているということを彼らは議論しているわけです。ただし、社会的に意味のある仕組みなのだけれども、そこにはダークサイドがあって、取り付けが発生するという別の均衡が起こり得るという、そういう議論をダイヤモンド＝ディビッグはした。

客観的には五〇％の人が一年後に支出しなきゃいけない必要性に迫られ、残り五〇％の人は別に二年目までお金を使う必要がない状態を考えているわけです。普通ならその結果として、お金を使う必要性が生じた五〇％の人だけが一年目に払い戻しにくるわけだけれども、何かの理由で、本当は使う必要がなくて二年目まで待っていてもいいはずの人のうちの何人かが一年目にお金を返してくれと銀行に言ってきたとしましょう。

銀行は本来五〇％の払い戻ししか想定していない。五〇％は一年後に成果が出る投資案件に使い、残りの五〇％は二年後にならないと成果が出ない案件に使っている。だから、五〇％を超える人がやってきたら長期投資を途中で中断しなきゃいけなくなります。すると、さっき言ったように長期投資は途中でやめるとリターンが少ないから、そこで損失が出る。

そして、例えば六〇％以上の人が払い戻しを求めたときには大きな損失が出て、そのままでは銀行がつぶれて、二年目まで待っていたらお金が返ってこないという事態が起こり得ることになります。そうであれば、残りの人も使う必要がなくても一年目に払い戻してもらった方がいいということになってしまい、銀行に殺到する、すなわち取り付けを起こすことが合理的になってしまいます。

取り付けは、パニックはパニックですが、単なる付和雷同とか非合理な行動ではない。一定以上の正常な割合を超える人が銀行に払い戻しを請求すると、そのこと自体が原因になって銀行が破綻する可能性が出てきて、残りの人も早く払い戻しを求めた方が有利になってしまう。そういう結果として、予定通りの人が予定通りに払い戻しをするという均衡状態と、必要のない人も含めて全員が払い戻しを請求するという均衡状態と、二つの均衡（複数均衡）の存在が考えられることになります。繰り返すと、そういうことが起こるのは、支出の必要性が発生したかどうかに関して情報の非対称性があるからです。

池田◆複数均衡をゲーム理論でいう利得関数で描くと、次の**図4**のようになります。普通は全員が預金を続けているので、みんなが全額払い戻されますが、何かの原因で初期値が図のXより左になると、取り付けに走ることが合理的になります。何もしないと銀行がつぶれて預金をすべて失うからです。今回のように大きなショックで初期値が悪い均衡に飛び込んでしまうと、あとは合理的行動として説明できる。

池尾◆なお、複数均衡のモデルに関しては均衡選択と呼ばれている問題があって、何か偶然でどっちかに決まるというような議論は、理論家としては居心地がよくない。複数の均衡があり得るとしても現実には一つの状態しか実現しないわけだから、どの均衡が実現する状態として選ばれるかというメカニズムを明らかにしないと、議論としては不十分だという批判があります。

ダイヤモンド＝ディビッグの議論についても、その種の批判がある。それで均衡が選択されるメカニズムを明らかにしようという研究がその後行われています。ただし、ここでは、そこまでは立ち入らないことにします。

もっとも、どちらかの均衡の近くにくれば、そっちへいくことは証明できる。そういう意味で言うと、いい均衡のところにいるのであれば、ちょっとしたショックぐらいだったら、その状態にとどまっていると想定していいわけです。ところが、何らかの強いショックがかかると、悪い均衡に飛んでいってしまう可能性が生じるわけです。

図4　コーディネーションの失敗

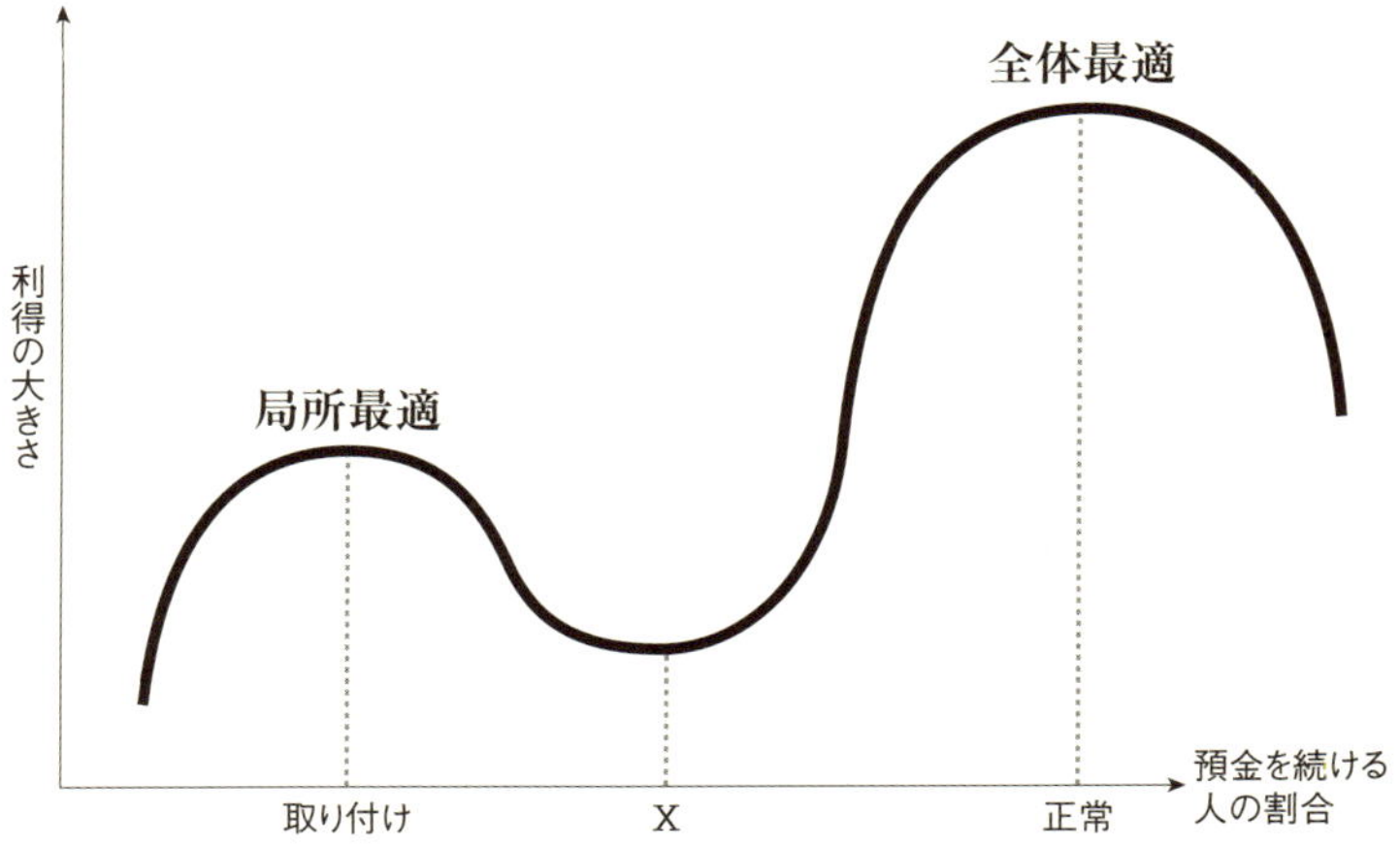

■――シグナリングとしてのリスクテイク

池田◆ちょっと別の議論で、銀行が危なっかしい財務構造をしているのは、預金者の不信を招くとすぐにつぶれるというリスクを取ることで、預金者を裏切ることなくまじめに資産運用をやるというメッセージを送っているのだというとらえ方があります（**文献7**）。口でまじめにやると言っても、信用してもらえるとは限らないから、行動を通じて信用される形でメッセージを出すことをゲームの理論でシグナリングと言いますが、リスクを自ら取ることがシグナリングになっているという議論です。

これがなぜ重要かというと、今回の主犯の一つとされている格付会社は、ただの評論家で、融資していないからリスクを取っていない。だから、この企業は大丈夫だと言ってつぶれたって、自分は何の損害も被らない。しかも、格付会社は格付対象の企業からカネをもらってやっているのだから、バイアスがあることは分かっているのです。

ところが今回の場合は、古典的な銀行のような仲介機関がだんだん落ちぶれて、証券化によるブローカレッジに近い形での投資が増えてきた。そうすると、もともと信用できない評論家に頼らざるを得なくなってきたということですね。

池尾◆まあ格付会社の場合も、いいかげんなことをすればレピュテーション（評判）を失うリスクを取っているという話だったのですけれどもね。また、通常の証券化の場合にもシグナリングのメカニズムはあります。

当初、証券化に際しては、オリジネーターが劣後部分を一定割合保有した。ゴミばかりプールした証券化商品を投資家に完全に売り切ってしまえるなら、まじめにオリジネーターが行動するインセンティブはなくなります。そこで、問題が起きたときに真っ先に損を被るのはオリジネーターであるというふうに仕組むことによって、すなわち最劣後部分を一定割合オリジネーター自身が留保して持つことによって、証券化商品の品質を保証するという工夫が、証券化のメカニズムとしてあった。

ところが、銀行がオリジネーターの場合を想定すると、そういうふうに劣後部分を銀行が留保している場合には、オフバランス化したと認定されない。結局、証券化して売ったとしても、真っ先にそのリスクは自分に戻ってくるような形の構造になっていたら、それはオフバランス化とは言えないということです。銀行にとって証券化の狙いの一つは、自己資本比率規制を回避するために資産規模を圧縮することにあるわけですが、劣後部分を自分が保有している限り自己資本比率対策にはならない。だから、完全にオフバランス化したと認めてもらうために、劣後部分も売り切るという形にだんだんなっていった。それで、指摘されたようなインセンティブの問題が深刻化していったということだと思います。

もっとも、そこはいろいろ研究があって、リスクをオリジネーター自身が取っていなかったらインセンティブが歪むなんていうことは誰が考えたってすぐ分かることだから、暗黙のうちに責任を取るというふうに銀行が投資家に約束しているという実態があるのではないかと指摘されています。

池田◆ＢＩＳ規制（国際決済銀行の自己資本規制）が、逆に隠れてリスクを取らせるような結果になっていた。

池尾◆規制当局にオフバランス化したと認めてもらうためには、売り切らなきゃいけない。だけど、劣後部分を手放すと投資家は不信を覚える。だから、規制当局の方に向ける顔としては、売り切りましたと言いながら、投資家との関係ではフォーマルな契約ではなく、インプリシットな形だけれど、劣後部分を持っているのと同じことを、損が出たら何らかの手当てをすることを約束していたのではないかというわけです。

あるいは、そういう約束を明示的にやっていなかったかもしれないけれど、銀行自身のレピュテーションを守るために、問題が起きたらある程度ロスを引き受けるという行動を取らざるを得なかった、あるいは自分の評判を守るために取った。だから、今回の危機で金融機関自身がずいぶん損をしている。全部投資家に押し付けているなら、そんなに損するわけがない。

事実、オフバランスのはずのＳＩＶが困ったら、銀行が引き受けたりしている。その限りにおいては、言うところのオリジネート・トゥ・ディストリビュート・モデルみたいなものが支配的だったというのは、ちょっと表面的なものの見方ではないか。

池田◆少しBIS規制について補足すると、銀行がリスク資産をたくさん持つと、自己資本／リスク資産の比率がBISで定めている基準を下回るという規制上の理由があって、資産をなるべくオフバランスにして切り離さなきゃいけないという動機があった。それが証券化商品が流行した一つの原因だといわれています。

池尾◆ただし、BIS規制が効いているといえば効いていると思うけれど、それ以上に資本効率を上げたいという動機もありました。そういう意味で、アメリカの金融機関ではコーポレートガバナンスがよく効いているわけです。株主利益を最大化するために株主に帰着する利益はできるだけ大きくしたい。資本をむだなく使いたいという動機がある一方で、自己資本比率規制がある。だから、オンバランスで資産を抱えたら、その資産に対して必ず自己資本を割り当てなきゃいけない。

八％の自己資本という規制によって、資本効率は悪くなる。だから、資本をできる限り有効にリサイクルさせて何回も使いたい。一回貸し出して資産として保有しても、満期まで持っていると効率が悪いので、証券化して売る。売ってしまうと割り当てた資本がリサイクルされ、その資本をまた種に資産を取得するという、回転を上げることによって資本効率を向上させるビジネスモデルを取るようになっていた。銀行が証券化商品に入れあげた一因は自己資本比率規制ですが、とにかく資本効率を上げたいという動機があったことを見落とすわけにはいかない。飽くなき利益追求という動機の結果なわけですよ。

その3 市場型システミック・リスク

――資本主義のダイナミズム

池田◆アメリカ型の株主資本主義の問題点としてよく指摘されることですけど、言われたように資本効率を上げなきゃいけないという圧力がものすごく強い。日本の企業は、よくも悪くもそういう圧力が弱いので、トヨタ銀行とか言われるように巨額の預金を持っていたりする。他方アメリカの企業は、株主に対して説明責任を負っているので、資本を徹底的に効率的に使わなきゃいけない。だから、前講でのレバレッジを高くするという話も出てくるわけです。

しかしそれは両面あって、資本効率を高めるために負債を大きくするとか、オフバランスでたくさんの資産を抱えるということが、今みたいな状態になってくると、いざというときのバッファとなる自己資本が非常に手薄になるというリスクが潜在的にはあるわけですね。

池尾◆通常の銀行の場合は、既述のように、ある意味で非常に危なっかしい財務構造の下で業務を営んでいる。場合によって悪い均衡に陥ってしまうリスクを常に抱えたままやっている。だから、それへの社会的対応として一定の規制監督の体制と、それから預金保険制度に代表されるようなセーフティネットが設けられているわけです。

ところが、今回は銀行と本質的に同じような機能を果たす仕組みが大きく出来上がっていたにもかかわらず、そこがすっぽりと規制監督とかセーフティネットのカバレッジの外に置かれていた。だから、この点は先にふれたことがあるけれども、そうした部分をアメリカでは最近、影の銀行システムと呼ぶようになっている。

通常の意味のバンキング・システムは、繰り返しになるけど一定の規制監督とセーフティネットの傘の下にある。セーフティネットの傘の下にあるのはベネフィットというか、利権かもしれないけど、やっぱりそれに見合うか、それに見合う以上の規制監督を受けるから窮屈な面がある。だから、新しく出てきたところはそういう規制監督の適用を避けるような形で発展してきた。

伝統的な銀行システムは、悪い均衡に陥らないようにする何段構えもの安全装置が付いている。これに対して、今回問題になった影の銀行システムは安全装置が全然なかったから、悪い均衡に陥ってしまった。車でいえば、安全装置を付ければ重たくなってスピードが出ない。だから、安全装置は嫌だ、もっとスピードを出したいから安全装置なんか付けないということだった。ところが、悪い均衡に陥っちゃったというのが今回の危機だと思います。

池田◆いまの金融危機と制度との関係でよく言われるのは、アメリカの連邦準備制度というのが、二〇世紀初頭の金融危機の後にできたとか、あるいはＳＥＣ（米証券取引委員会）が三〇年代のあの危機の後にできて、グラス・スティーガル法で銀行と証券の分離ができたとか。やっぱりそういうことがあって後知恵で、あそこに問題があったから直すというやり方が避けられない面はありますね。

池尾◆そういう危機に陥って何か混乱するというのも含めて、資本主義のダイナミズムじゃないかな。二〇世紀の初頭は、周期的に悲惨なことが起きる資本主義というシステムは、もう困ったシステムだということで、市場経済に代わる計画経済だとか統制経済の方がいいだろうとやってみたわけです。しかし、もっと悲惨だということが分かった。もう資本主義しかないわけです。

一切危機が起きないようにしてしまうと、統制経済とかになって資本主義のダイナミズムも失われてしまう、それこそ角を矯めて牛を殺すことになりかねない。だから、野放しの危機が起こるのはいけないのだけれども、何かある種、危機が持つ積極的な面、ダイナミックな側面、進化の触媒になるような要素というのも見ておくべきだと思います。

池田◆私は、基本的にはあんまり事前にすべてのリスクを封殺すると考えない方がいいと思うし、現実にそれは無理だと思います。この前、ＦＥＤビューだと言われたけど、あれだけ金融のプロが集まったウォール街で、これだけひどいことになるわけだから、また一〇年後に起きると思った方がいいと思うのです。たぶん、また誰も想像しない市場で起きる。どうやって起きるか分からないけど、必ず起きる。

だから、もう起きるのはしょうがないんだから、起きた後の始末をいかに迅速にしっかりやるかということを考えた方がいいのであって、日本版ＳＯＸ法みたいにそういうことが一切起きないように穴をふさごうとすると、「官製不況」をもたらす弊害の方が大きいと思います。

複雑性とテールリスク

池尾◆今回の問題を考える際、インセンティブの問題とかエージェンシー問題、利益相反（コンフリクト・オブ・インタレスト）の問題と並んで、複雑性（コンプレクシティー）という話がキーワードとしてあります。投資家と最終的な買い手の距離が長くなりすぎて、トレースができなくなって価値評価が不可能になってしまっているという話はすでにしました。実は、そういうことを意図的にやっていたということがあるわけです。

いまは価格が発見できなくて困っているわけだけれど、わざとトレースできないぐらい複雑にしてきたという面があります。金融仲介というか、金融の仕事は本来、情報の非対称性を緩和する、あるいは情報の非対称性に伴う問題を解消するものだったはずなのに、意図的に複雑化することによって人工的に情報の非対称性を作り出し、それによって利益を上げるような仕組みになっていた。情報の非対称性、すなわち自分は知っているけど相手は知らないということを利用して、極端な言い方をすると相手を収奪するような形で利益を上げる。そういうビジネスモデルを展開するようになってしまっていた。

そこまで変質し、堕落していた。プロとプロの間の取引だったら、騙された方が悪いのだけれども、本当はプロとプロの関係ではない。極悪のプロと、そこまでの悪さのないセミプロとの取引だった。だから、取り付けが起きた。セミプロは、善良でちゃんとやってもらっていると思っていたのが、騙されていることに気づいた。だから、もう二度と付き合いませんという感じになってしまった。

しかし、一挙に投資家が引いた後、投資家の信頼を回復してマーケットに戻ってもらうのは大変なことです。もう一切悪さはしませんからと言われても、全然そんなことは信じられない。うぶな人は一回だまされて傷ついたら、二度と戻らない。それで信用市場がダウンしているということです。

池田◆もう一つの側面として、テールリスクの問題があります。リスクの分布が正規分布だと、おなじみのベル型カーブで一定の幅で収まっているのですが、実際の市場ではベルの両側のテール（裾野）のリスクがゼロじゃない。特に市場全体が崩壊するような破局的な出来事（テールイベント）

がごく稀に発生する。
普段は投資家も何も考えないで貸していい金利で回るから、お互いハッピーです。ところが今みたいな状況になると、債券価格が額面の一割以下になるとか、大きな投資銀行がつぶれるといったシステミック危機が起こる。そういうことは正規分布では一〇〇億年に一回ぐらいしか起こらないから、ほとんど考えなくてもいいという前提でやってきたと思うのですが、そういう事件が一〇年に一度ぐらい起きている。

池尾◆だから、表現はちょっとよくないかもしれないけれど、ノミ行為をやっていたのだと思います。競馬のノミ行為の胴元は、普通は中央競馬会よりも少しいいぐらいの配当を顧客に返す。それでも、普段は胴元が儲かるようになっている。税金とかがかからない分、顧客もノミ行為をやっている胴元も有利なのだけれども、間違って顧客が万馬券とかを当てると困ったことになる。胴元は、預かったお金で中央競馬会の馬券を買っているわけじゃないから、万馬券を払い戻す資金はない。今回の金融危機は、そういうのと事態の本質は変わらない。

池田◆日本の証券会社って、昔はほとんど呑んでいたというでしょう。今度もヘッジファンドでよくありますよね。ＵＢＳ（スイスの金融グループ）がニューヨークのヘッジファンドを相手どって一五億ドルのＣＤＳの償還を求める訴訟を起こしたら、そのファンドの資産は二億ドルしかないことが判明した。最初から、自己資本を取り崩すような大きな事件は起こらないという前提で回していたわけです。

池尾◈ノミ行為というか、投資家に隠れてリスクを取っていたところがある。そのリスク負担に見合うプレミアムを本当は準備金とかで積んでおかなきゃいけなかった。ところが、リスク対策に使わなきゃいけないコストを利益であるかのように装っていた。こうしたことが、ずいぶんあったように思いますね。

それでさっき話したように、うぶな投資家は「もう二度とこんな悪い人と取引しない」みたいな感じで逃げ出してしまった。その結果、市場がドライアップしてしまったことが、今回の危機の特色、新しい要素だともいえます。市場のドライアップが起きたことで、危機の最初は「流動性危機」という側面が強調された。

前の講義で説明しておいたように、市場には取引所市場とOTCマーケットの二種類がある。伝統的な経済学では、取引所市場のように集中化されている構造を想定して議論していることが多いけれども、実はそういう市場はあまり多くなくて、OTCマーケットであることが多い。OTCマーケットでは、個々の取引者は、他のどういう取引者と取引関係を結ぶかという選択をする。

その際、いわゆるカウンターパーティ・リスクを考えて、信用できそうな人とは取引をし、信用できない人とは取引関係を結ばないというように、取引者が選択を行うことによって、取引関係のネットワークが構成されることになる。銀行間取引の場合、ネットワークをまったく結ばないことはなくても、与信限度額みたいなものを必ず置くわけです。信用力の高いと思われる取引相手には与信限度額を大きく割り当てるけれども、少し危なそうなところには少なくしか割り当てない。

かつて経験した日本の金融危機の際、邦銀は外銀から与信枠をすごく絞られたりしたことがあります。正常な状況でカウンターパーティ・リスクをあまり意識していないときにはそれなりの枠を開いて取引関係を結んでくれていても、いざ危機になると与信枠を一挙に絞り込むとか、取引関係そのものを断ってしまう。

そういうことが起きるわけです。今回の場合は、もうある意味で極端に誰とも取引関係を結ばないという特殊な均衡が実現されることになった。そういうものとして市場の消滅という話は理解できるかなと思います。

■――コーディネーションの失敗

池田◆別の側面からいうと、今までの経済学って現金制約のことをあまりまじめに考えてこなかったと思うのです。とくに銀行で現金が足りなくなって商売が立ち行かなくなる事態はあまり想定していなかったと思うのだけれど、今回はGM（ゼネラル・モーターズ）でも資金繰りが立たないと言い出し、現金制約が表に出てくる。それが今回の危機の特徴です。だからFEDが流動性を供給するわけです。

こういう現金制約が強い場合は、客観的に正しい価格なんか吹っ飛んで、いまある価格でみんながとにかく現金のある範囲で払います。だから、債券価格が例えば額面の五％という値段になる。そうすると債権者も破綻して、それが社会全体に波及するという悪循環になる。つまり本来の金融市場の機能が崩壊して、みんなが手元の現金の範囲で払うと、大変悲惨なことが起きる。


池尾◈キャッシュ・イン・アドバンスだとか、流動性の問題は、マクロ経済学ではわりと考慮してきたといえる。ところが、伝統的なミクロ経済学のコア部分を構成している一般均衡理論、ワルラス的な経済学においては、そういう問題が一切無視されてきた。

ワルラス的な経済モデル、一般均衡理論というのは、しばしば貨幣を含まない実物だけの経済モデルだと言われたりしますが、まったく反対の解釈があって、一般均衡モデルの世界は、すべての財が貨幣として機能するとみなせる。

予算制約さえ満たしていればいいというのは、要するに直接労働を渡してモノを買えるような世界を想定しているという意味です。一回労働を何かの形で現金に換えてからしかモノが買えないということを想定していない。だから、貨幣を含まないモデルじゃなくて、あらゆる財が貨幣として機能するような世界を描写したモデルだと解釈した方がいいという見方があります。私もそう思います。

それに対して特定の財、財という言い方がいいかわからないけれど、特定のモノしか貨幣として機能しない世界を考えたとき、ずいぶん違う情景が生まれるはずだということは認識されていて、研究の対象になっています。流動性が現実的にものすごく重要な問題だという認識は、経済学者の中にも広範にあると思います。

ただし、実際上すごく重要な問題だということはよく分かっているとしても、理論的に流動性の本質って、じゃあ何なんだということの研究は、始まってはいるけれども、包括的な形で経済学的な解明ができているとは残念ながらまだちょっと言えません。

池田◆そういう不均衡状態が成立している場合に、普通の経済学はこういうものは過渡的な問題で、長い目で見たら均衡に戻ると想定している。しかしいまの状態は、世界中が不均衡にはまり込んだ状態です。だから、こういう状態を分析するためには、長い目で見たら正常な価格になるという話とは別に、不均衡状態でどうなるのかという分析をちゃんとやった方がいいと思います。

池尾◆そうした状態は不均衡状態というよりも、コーディネーションの失敗（相互調整の失敗）を伴う悪い均衡として現代の経済学ではとらえるわけです。これは先ほどの図4の複数均衡のような状態です。コーディネーションの失敗が起こる原因を分析するとか、コーディネーションの失敗と呼ばれるような均衡状態を描写したり分析したりすることは、理論経済学が一生懸命やっています。

読者のために言っておくと、経済学の歴史上、市場メカニズムが効率的な資源配分を実現しますとか、そういう類の話をもっぱらしていたのは一九六〇年代ぐらいまでなわけです。一般均衡論が精緻化されて、完成の域を迎えるのが一九六〇年代末なわけです。逆に言うと一九六〇年代末には、市場均衡はパレート効率的なんだとかいう議論は、もうやり尽くされてしまう。

その後、職業としての経済学をやっていく場合、やり尽くされた分野では論文は書けません。それで七〇年代以降、経済学研究の主たる対象は「市場の失敗」の方に移ります。どういうときに市場が失敗するとかを一生懸命に研究し始めたわけです。そして、八〇年代ぐらいから本格的にゲーム理論がミクロ経済学と一体化していきます。ゲーム理論とミクロ経済学の区別は、いまやないような感じのところまで一体化が進む中で、戦略的依存関係を考えて市場の失敗を語るようになります。

その段階では、コーディネーションの失敗こそメインテーマとすら言えるわけです。そういう意味では、抽象的なレベルではコーディネーションの失敗としていろいろな問題をとらえることは、経済学者の基本的見方になっていると言ってもいい。

それをもっと今回のケースのようなものに引き寄せて分析できるように、より具体化するというか、より抽象度を下げたような形で議論をしっかりやっていくというのが課題だとは思います。

第5講

金融危機と経済政策

――「市場の暴走」と「政府の失敗」――

池尾◆今回の講義は、金融危機と経済政策の関連がテーマですけれども、まずは政府が金融危機の原因にもなったというところから議論を始めたい。というのは、今回の金融危機は、確かに「市場の暴走」ではあるけれども、同時にある種の「政府の失敗」の結果だからです。それゆえ、市場が暴走したのだから、政府が介入したらいいという単純な議論は成り立たないように思います。

政府がやるべきことをちゃんとやっていなかったがゆえに、あるいは政府が余計なことをしたがゆえにという面もかなりあります。こうした政府の失敗の結果だという側面についても、しっかりと見ておく必要があります。市場と政府の役割分担の見直しが、今後不可避になると思いますけれども、その際に問題を相対化して考えられるようになるためにも、政府の失敗の結果だという側面を押さえておく必要があります。

その後、経済思潮の変遷について解説し、最後の節で非伝統的な金融政策と経済政策の時間整合性の問題を議論します。

その1

「政府の失敗」の結果

■住宅バブルを生んだ持ち家政策

池尾◈政府の主な罪状として、少なくとも三つぐらい考えられます。第一は、歪みをつくりだす原因に政府自身がなったという点です。バイオエタノールの話が典型的だけれども、政府がいろいろ介入して補助金政策を取ったりすることで、市場に歪みをつくりだしてきた。第二は、低金利できわめて流動性に富んだ状況を長期間にわたって継続させた金融政策が正しかったのかどうかという問題です。

それから第三として、規制監督体制のあり方の見直しのようなものを十分に行わないできた無作為の罪みたいなものがあげられます。新たに出現してきた金融の領域に対して、既述のように、政治的なロビイングに屈したのか、ロビイングを喜んで受け入れたのかしらないけれども、結局、規制監督体制の見直しをやらないままサボってきた。以上、少なくとも三つの問題が政府の側にもあったと思います。

規制監督体制の見直しについては、次の講義でやることにして、ここでは政府自身が歪みをつくりだしてきたという話と金融政策の問題を取り上げたい。前者については、具体的にはアメリカの住宅政策について議論してみたい。

一戸建て住宅を保有することはアメリカンドリームの象徴のような話で、アメリカ国民にアメリカンドリームを実現させるのは、アメリカ政府にとっての最優先の政策課題だといえます。だから、住宅取得をいろんな意味で政策的に支援する仕組みがつくられてきました。見方を変えると、そうした住宅政策がマーケットメカニズムを歪めるようなある種の経済効果を持ってきたのかなと思われます。

池田◆戦後しばらくは持ち家比率が四五％だったのが、最近では七〇％まで上がっている。七〇％というのは、かなりの低所得者層まで自分の家を持っているということで、客観的に考えても無理のある状況です。日本でも持ち家比率は約六四％ですが、広さが全然違います。それと戦後、アメリカの住宅価格って全国平均では一度も下がったことがないそうです。

日本の八〇年代でも、過去には『日本列島改造論』ブームの後にごくわずかに下がっただけで、基本的には下がったことがなかった。いままでに下がったことがないんだから、これからも下がるはずがないという単純な経験則でやったのがバブルの一番大きな原因だったと思います。

池尾◆アメリカでは住宅バブルはよく起こっています。今回のように全国規模の大がかりな住宅バブルは初めてかもしれないけれども、ローカルにはよく起こっていて、とくにカリフォルニア州では頻繁に住宅バブルが起こっています。バブルが崩壊して、地域的に住宅価格が下がったりすることは過去にもありました。

今回の全国的な住宅バブルは一九九七年から始まった。以後二〇〇六年まで、一回も下がらなかった。ロバート・シラーによれば、株式市場の場合はバブルで上がっているといっても、ボラティリティが大きい。途中で下がったりもします。住宅価格の場合は、ボラティリティが小さいために、非常に誰もが参加しやすい投機対象になる。株式の方はボラティリティに気を付けなきゃいけないから、素人は手を出しにくいのに対して、住宅の場合はボラティリティがあまり大きくないし、ステディーに上がっていく感じだった。職場の同僚が住宅投資をして儲かったみたいな話が増えてきて、自分もやらないと損だみたいな話になっていって、バブルが膨らんでいったわけです。

その過程で、サブプライムローンが肯定的に評価されます。白人の持ち家比率に比べると、マイノリティの持ち家比率は低い。マイノリティの持ち家比率を高める上で、サブプライムローンは非常に有効な新たな金融技術革新であるということで、ブッシュ政権は「住宅持ち家比率が、自分の政権になって上昇した。これまで低かったマイノリティの保有比率が上昇した」と持ち家比率の上昇を自らの政権の功績として語っていました。

■――ファニーメイとフレディマック

池田◆アメリカに特有の要因として、ファニーメイとフレディマックという公的機関で住宅取得を支援してきた政策があります。ファニーメイは一九三八年にできたわけです。つまり大恐慌のときに、民主党政権のもとで総需要の創出政策としてつくられた。ところがそれは、共和党にとっても選挙向けのスローガンとしては非常にいいもので、両方の党派にとって住宅持ち家促進がずっと支持される政策だったんですね。

池尾◆住宅持ち家促進はとにかくアメリカンドリームの象徴ですから、党派を問わず政策目標として優先度が高い。大恐慌期にもある種の住宅バブル的なことがあって、問題が起きました。だから、住宅関連で起きた問題に対処するために、いろいろな制度や仕組みが大恐慌期につくられました。ファニーメイもその当時に設立された。米連邦住宅貸付銀行制度も、連邦準備制度の住宅金融版として一九三〇年代に生まれました。だから、現在のアメリカの住宅政策の骨格をなすような制度的な枠組みは、ポスト大恐慌の制度改革で作られたわけです。七〇年余の歴史を持った制度なわけです。

ファニーメイは政府機関として設立された。政府機関だからエージェンシーと言っています。一九八〇年頃のレーガン政権時に、民営化の話が出ました。現在、商業銀行がオリジネートしたものを買い取って証券化するファニーメイと、S&L（貯蓄貸付組合）がオリジネートしたものを買い付けるフレディマックの二つの住宅金融機関がアメリカに存在しています。いずれも厳密な意味でいうと、完全民営化され、民間が株主の企業になっています。

池田◆その場合も、「暗黙の政府保証」があると言われた、そこが今回の危機のかなり重要な原因ですね。

池尾◆ファニーメイ、フレディマックとも完全民営化していて政府が所有しているわけではありません。しかし、ファニーメイとかの定款には、政府の住宅政策に協力することが目的として織り込まれ、取締役の何人かを政府が任命できると定めているので、政府とのかかわりは残されているわけです。

住宅政策に協力し、政府が人事にも影響を及ぼせるような民間企業だから、純粋民間企業といっても何かあったときには政府が保証するだろうと受け取られる。政府は公式には否定していたけれども、マーケットは暗黙の政府保証があるということで、ファニーメイとかが発行するエージェンシー債は、連邦政府が発行する国債（連邦債）とほぼ同格の信用度を持ったものとして取引されていました。アメリカ国債と同じ安全度で、アメリカ国債よりも若干利回りが高いので、海外の投資家が喜んで大量に保有していました。

ファニーメイ、フレディマックにヌエ的な性格があることは確かで、完全民間企業であると言いながら、政府保証を享受しているところがあった。そういういいところ取りみたいな感じの組織で大丈夫なのかという批判はずっとありました。公的な役割を果たさせるのであれば、公的なコントロールの下に置くべきだ、暗黙の政府保証を補助金のように使って株主が利益を得ることになるとまずいという話はされていました。

元の政府機関に戻せという話じゃなかったけれども、株主の利益追求とか、純粋な民間企業として営利に走ることに対しては一定の歯止めをかけることを含めて、しっかりした規制監督の下に置くべきではないかという議論はずっとやられてきたわけです。しかし、ファニーメイ、フレディマックの側が、猛烈なロビイングを続けて規制監督の強化をさせてこなかったという経緯があります。

池田◆そこは日本の銀行と似ているところがあって、あれも儲かっているときは民間、民間といって、危なくなったら最後は政府が助けてくれると思っているから、ああいういい加減な経営を続けてきたわけです。

池尾◆今回、アメリカ政府はファニーメイとフレディマックを監督下に置いたため、暗黙の政府保証があったことを自ら立証してしまったことになります。自ら公式には否定していた政府保証を、自らあると証明した。そういう点でも非常にまずいといえます。

■―合理的なモラルハザード

池田◈オバマ政権でＮＥＣ（国家経済会議）委員長になるローレンス・サマーズがインタビューで、デリバティブの言葉で言うと、連邦政府が結果的に大量のプットオプションを売っていた。みんながリスク取り放題で、最後は何か起きたら全部政府が債券を買い取るという仕組みを暗黙のうちにつくったということに自覚的でなかったんじゃないかと言っていました。

池尾◈自覚的でなかったかどうかは、物の見方によります。もっとちゃんと何かしなきゃいけないということは指摘されていたわけですから。指摘されていたにもかかわらず、ブッシュ政権がそういうアクションを取らなかったのはなぜかということです。直接的には、フレディマックとかのロビイング活動の結果だけれども、なぜそういうロビイングを受け入れたのかということです。

ブッシュ政権に自由放任主義的な市場経済の方がいいというイデオロギーがあったからという解釈もあるけれど、証拠は何もないから風聞になりますが、ある種の癒着とか、腐敗が起きていた可能性も十分あると思います。

池田◈だから、これはよくいわれる「市場原理主義」といった一般論じゃない。政府がいざというときには保証する前提で民間がリスク取り放題になっていたら、こういうことになるのは分かり切っているわけです。

池尾◆そうです。住宅金融に関しては、そのことが本当に典型的に出ています。また、金融政策の話になるけれども、経済活動全般に関しても最後何かあったらグリーンスパンが何とかしてくれるだろうという、いわゆるグリーンスパン・プットが存在しているという感じになっていました。損失には限度があって、利得の方は青天井という感じです。それだと、リスクを取った方が勝ちに決まっているから、全体として多くのリスクテイクが行われるという構造に二〇〇〇年以降のアメリカはなっていたと思います。

池田◆今回の問題に関して、よくモラルハザードという言葉が出てきますが、これは経済学者が使う言葉と世間一般で使われる言葉がまったく違う典型です。これは元は保険用語で、モラルというのは「心理的な」という意味なのだけど、「道徳的危険」とか、「倫理の欠如」とかいう訳語になるでしょ。それだと、いかにも不道徳な悪党がやることとみたいだけれども、ペイオフの構造がいい方に回ったらプラスで、悪くなったら政府に全部押し付けられるとなると、徹底的にリスクを取るのが合理的なのです。

池尾◆基本的に個別合理的な現象です。個別的には合理的な行動だけれども、社会的には非効率な結果を生むというのがモラルハザードの定義です。

池田◆市場メカニズムというのは、個別に合理的なことは、集計したら社会的にも合理的になるというのが前提だけど、外部性とか情報の非対称性などがある場合には、個別に合理的な行動の集計が、社会的に非効率な結果になる。そういうときには政府がルールを直して、合理的な行動がまともな結果になるようにしなきゃいけない。この問題は理論的には分かりきっている。S&Lのときも含めて、モラルハザードはごくありふれた現象だったのに、それを分かっていて放置していた面もありますね。

池尾◆持ち家を促進するという政策的な目標に貢献する効果があるということで、例えばモーゲージバンクに対しても一般の預金取扱機関に比べるとほとんど規制監督をしてこなかった。もっときっちり監視した方がいいという議論はあったのに、規制をしてこなかった。モーゲージバンクがロビイングしたこともあるけれど、持ち家政策に貢献しているし、プラスの役割を果たしているから、それを規制することによって経済効果が失われたら困るということもあったかもしれません。とにかく、住宅政策への貢献が大義名分になって、ずいぶん扱いが甘くなっていました。

池田◆住宅バブルが崩壊することは、一部の人は予測していたかもしれませんけれど、こういう形で全世界に影響を及ぼすというのを予想していた人はほとんどいなかったんじゃないでしょうか。今までも住宅バブルはローカルにはあったわけで、ありふれたことだろうと。ところが今回の特殊性は、ローカルな担保証券が証券化されたことによって関係のない証券にまで波及して、ローカルな問題が全世界に拡大しちゃった。

池尾◆今回の場合は、ある種、臨界点を超しちゃったということだと思います。

繰り返しになりますが、グリーンスパンがずっと何とかしてくれていた。ブラックマンデーから始まって、ＩＴバブルのときも何とかしてくれて、そのあとも何とかしてくれて、そういう何とかしてくれている状況が続いたことによって、今度何かあっても何とかしてくれるだろうということで、だんだん野放図にリスクを取るような傾向が強まってしまった。ついには臨界点を超しちゃって、ＦＥＤでもどうにもならないぐらいのところまで事態が拡大したわけです。

池田◆直近の例でいうとＩＴバブルなんて、当時は深刻だと思われていたけれども、あっという間に一～二年で戻っちゃったでしょう。アメリカ人も、こんなものかと思った可能性がありますね。

池尾◆ラジャンは、二〇〇五年の論文で「任期中にたった二回、しかも軽度のリセッションしか引き起こさなかったことで、ひょっとするとグリーンスパンは非難されることになるかもしれない」

と書いています（**文献8**）。確かに、一八年間の任期の間に軽いリセッションが二回しかないような経験をしていたら、リスクに対する感度は鈍るし、高をくくるようになると思います。

しかし、これはジレンマだといえます。経済をそれだけ安定化させたのは立派な金融政策の成果だということで、本当は称賛されるべき事態なわけです。にもかかわらず、その結果、アメリカ人全体の、あるいは世界中の投資家のリスクに対する感度を鈍らせてしまった。そして大きなリスクテイクを引き起こして、現在のクラッシュに至った。ということになると、もうちょっと下手な金融政策をやっていた方がよかったかもしれないという話になります。

その2 経済思潮の変遷

■――ケインズ理論は大恐慌を解決したのか

池田◆ここらで、経済政策の基礎となるはずの経済学の考え方の変遷について解説してください。

池尾◆経済学には、実は二つ潮流があるといえます。主流派の流れは、基本的に市場機構の働きに信頼を置く。もちろん諸手を挙げてというわけじゃないにしろ、基本的なところで市場機構の働きに信頼を置く経済学の流れがあります。経済学の創始者の一人とされるアダム・スミス以来の流れで、古典派経済学といいます。

それに対して、経済学の反主流派ということですけれども、市場メカニズムの働きには根本的な欠陥があると懐疑する立場があります。市場機構の働きに根本的な欠陥があると懐疑する流れの代表は、マルクス経済学、それからケインズ経済学もそういう立場です。

古典派というか、市場メカニズムに信頼を置く立場が主流なのですけれども、一九二〇年代から三〇年代にかけて大恐慌という世界的な経済停滞、経済活動の崩壊が起こります。そうした現実を目の前にしたとき、市場機構が基本的に信頼できるという考え方はアピールが弱くなってしまった。主流派とは違う考え方を打ち出して、政府が経済活動に介入する必要があると主張する方が、大恐慌という時代背景の下では支持を集めました。サミュエルソンは、ケインズの『一般理論』は熱病のように受け入れられたと言っています。

池田◆ケインズの『貨幣論』は、彼のいうところの古典派に近い。金融政策で何とかなると言っているわけです。ところが『一般理論』は、国民所得統計を使う基本的な枠組みは『貨幣論』とほとんど同じなのに、結論だけ違う。イギリスの新聞「ガーディアン」にケインズが一九三三年にルーズベルト大統領にあてて書いた公開書簡が出ていて、そこで政府支出を増やせと書いている。『一般理論』が一九三六年だから、最初に結論が決まっていて、それを正当化するために一般理論と称するものを作ったというのが本当の順序でしょう。

実際に不況が起きていて、通貨供給を増やしたら何とかなるかというと、ならない。金利も下がりきって、手詰まりになった。じゃあ政府が、そこにいる失業者にカネをバラまけばいいじゃないかというのは、経済学を知らなくても誰でもわかる。そんなことで片付くなら経済学はいらないわけで、そういう単純な結論を、経済学者にも納得できるように理屈をつけたのが『一般理論』だと考えた方がいいと思うのです。

いわゆる古典派の経済学者が言ったのは、政府がカネを使ったらその分だけ民間の投資需要をクラウディングアウト（押し出し）しちゃうんだとか、結局は財政赤字は税金でファイナンスされるのだから、経済全体ではプラスマイナスゼロになると言っていたわけです。ところがケインズは、プラスマイナスゼロにならないということを立証しようとした。

失業があるということは賃金が高すぎるのだから、賃金を下げて労働需要を増やせばいいじゃないかというのが普通の経済学の考え方です。ケインズも『一般理論』のある部分では、名目賃金の下方硬直性が失業の原因だと書いているのだけど、別の部分では賃金を下げたら所得が減って有効需要が減るという。しかし理論的には、賃金を下げたら労働需要が増えて失業が減る可能性は排除できない。

アメリカのGDPは一九三三年に大底を打って、ある程度回復をする。一九三七〜一九三八年で少し落ちるけれど、一九三九年には本来のレベルに戻る。ところが失業率だけがずっと二〇％近かった。これは最終的に戦争で解決されます。

最近の実証研究では、成長率が回復したのに失業が減らなかったのは、ルーズベルトがワグナー法（全国労働関係法）により労働組合の結成を奨励して労使交渉で賃下げを認めなかったからだという議論もあります。この場合は、ケインズの言うところの「古典派」の主張が正しいことになります。少なくとも、大恐慌のもとでは価格メカニズムがまったく機能しなかったというケインズの説明は疑わしい。

古典派経済学の復活

池尾◆しかし、とにかく大恐慌という背景の中で、本来、経済学の中では反主流派というか、マイナーな考え方の系列のケインズ経済学が支配的な地位を占めるわけです。市場機構には根本的な欠陥がある、したがって政府はもっと役割を果たすべきだという考え方が支配的になりました。そして、戦後アメリカの五〇年代、六〇年代には、モデレートされたケインズ経済学、トービンらに代表されるケインズ経済学が、実際のアメリカの経済政策面で影響力を発揮する。アメリカが繁栄している中で、ケインズ経済学が経済政策上の指針になっているということで、ますますケインズ経済学の権威は高まりました。
しかし、その後、ケインズ経済学に対する信認が失われる経緯については、すでに第2講の中で述べました。そして、八〇年代に入ると、本来は長い目で見たときの経済学の主流派だけれども、ケインズ経済学が華やかなりし頃は反主流派の立場に追いやられていたミルトン・フリードマンとかのマネタリストと呼ばれる人たちが主流派の位置に返り咲きます。フリードマンは自然失業率仮説というきわめて強力な概念を打ち出すことによって、ケインズ派を打倒します。

古典派的な考え方は、基本的には市場機構の働きに信頼を置くわけで、裏返して言うと国家、あるいは政府が人為的に介入することがむしろ経済変動を引き起こすリスクになるという見方です。八〇年代の状況はやっぱり三〇年代とは違うわけで、三〇年代はグレートデプレッションの時代だったけれども、七〇年代の終わりから八〇年代の初頭はグレートインフレーションの時代です。だから、このインフレーションを引き起こしたのはいったい何だと考えたわけです。そして、むしろ政府が経済に介入しようとして、金融政策を裁量的に運用してきたことが、インフレーションの原因だという理解に到達します。

そういう裁量的な運用に対してタガをはめるべきだというのがフリードマンの考え方で、中央銀行は、kパーセントルールとか、xパーセントルールという機械的なルールに従ってマネーサプライの伸びを一定率に保てと主張した。その方が結果的に経済をもっと安定化させることにつながるという主張です。

それを引き継ぐ形で、ロバート・ルーカスに代表されるマクロ合理的期待学派が出てきます。合理的期待仮説を打ち出したのも理論的功績だけれども、ルーカスがやったことは古典派的な経済学の本格的復興なわけです。フリードマンらの考え方も基本的に古典派の経済学ですけれども、ルーカスらはより現代的に、より本格的に古典派の経済学を復興させます。それゆえ、ルーカスらは「新しい古典派」と呼ばれます。

彼らがそういう古典派のモデルを本格的に復興させて主張したのは、予期された金融政策は効果を持たないということです。予想されない形の、いわば不意打ちで金融政策が行われると効果を持つが、予見されていた場合には効果を持たないという主張です。

その後、同じ古典派の流れだけれども、ある意味ではマネタリズムとは正反対の、リアル・ビジネス・サイクル（RBC）理論が登場します。実物的景気循環論です。キドランドとプレスコットの二人が代表的人物です。RBC理論は、景気変動を不均衡現象とはみなしません。経済は変動しているけれども、この変動は均衡から乖離しているのではなく、均衡そのものがシフトしていると考えるわけです。例えば、技術革新、消費者の好みが変わるといったリアルな要因によって均衡がシフトする。与件が変化することによって均衡そのものがシフトするという現象として景気循環は理解できると主張したわけです。マネタリーな要因を考慮せず、リアルな要因だけで景気循環は説明できると主張したので、リアル・ビジネス・サイクル理論と呼ばれるわけです。

この理論のインプリケーションとして非常に大きいのは、経済が変動しているからといって是正する必要はないということです。経済が変動しているからといって、非効率が起こっているわけではない。効率的な状態がシフトしているわけで、それを是正することは意味を持たないというわけです。ルーカスなんかも、景気が変動しているから安定化政策を取る必要があるということに必ずなるわけではないと言っています。安定化政策を取ることにもコストがかかる。景気変動がなだらかになることの便益と、政策に伴うコストとを比較して、どちらが大きいかを考えなければいけないというのです。

景気変動をなだらかにすることによる便益は、資本市場がすごく発達しているような経済においてはあんまり大きくない。資本市場を通じて各経済主体が自分でリスクをヘッジできるから、マクロ的に経済変動を小さくしてやっても、追加的な経済厚生の増大はあまりない。それに比べて、安定化政策を実施することに伴うコストが実は大きい。だから安定化政策を取ること自体、経済的に必ずしも合理的とは言えないというわけです。

以上のような理論的な展開がマクロ経済学で起こりました。そして、理論的に考えた場合、ルーカスも、キドランドとプレスコットも、多大な貢献をマクロ経済学に対して行ったといえます。それゆえ、実際、ルーカスもキドランド、プレスコットもいずれもノーベル経済学賞を受賞しています。

ただし、経済理論に対して大いなる貢献を行ったことは確かなのだけれども、研究が進むに伴って、彼らのモデルから出てきた結論は、実証的には支持できないということが判明してきました。ルーカスの古典派モデルだと、予期された金融政策は効果がないはずだけれども、実証結果だと、予期されていようがされていまいが、金融政策は経済活動に影響があるという結果が出ています。

また、リアル・ビジネス・サイクルの話でいうと、マネタリーな要因を考えなくて説明できるというけれども、景気変動とマネタリーな要因は密接に結び付いているということが、やはり実証研究の結果です。

経済学は実証科学だから、現実と理論が食い違っているとき、どちらが修正されるべきかということ、現実を修正すべきという話にはもちろんなりません。やはり理論の方を修正すべきだということで、ルーカス、キドランドとプレスコットらの業績を踏まえつつ、より実証結果と矛盾しないような形の新たな理論構築が九〇年代以降志向されてきました。

その成果が上がって、この一〇年間ぐらいに急速に新たなマクロ経済学の共通フレームワークが出来上がっています。マクロ経済学が分裂したような時代が続いていたのですけれども、いまは大いなる統一されたフレームワークが存在する状況になっています。それに基づいて金融政策運営のあり方に関しても、「新たなコンセンサス（New Consensus）」が確立している時代になっています（**文献9**）。

池田◆フリードマン、ルーカスからあとは学部レベルではほとんど教えられていないため、官僚とかメディアにとってはまったく知らない世界です。今はマクロ経済学にはケインジアンもマネタリストもなくて、こういう合理主義的モデルの応用としてケインズ的な失業も理解するという基本的な考え方が理解されていない。

経済学の現代的思考

池尾◆現在の統一的フレームワークは、ニュー・ケインジアンとも呼ばれますし、ニュー・ネオクラシカル・シンセシス（新々古典派総合）と呼んだりもします。それは、これまでの古典派的な議論の成果は全部踏まえた上で、ある種の市場の失敗が引き起こされるような要素を取り込んでくるわけです。それは情報の非対称性が存在するとかで、例えばクレジット市場で情報の非対称性があれば、信用割当が均衡状態として起こり得るという、スティグリッツとワイスの議論（**文献10**）とかがありますよね。

昔風の議論だと、利子率が何らかの外生的要因で、例えば低金利政策が取られていて、利子率が硬直的だから信用割当が起きるといっていました。同様に、昔風のケインズ経済学は何らかの外生的な理由で賃金が硬直的だから、非自発的失業が起きるという議論でした。ところが最近の議論は、情報の経済学とかの成果を取り入れる形になっているから、情報の非対称性があるから信用割当が発生しますとか、労働市場でモラルハザードの問題とかがあるから、どうしても一部、非自発的失業を発生させる必要があると議論するわけです。アドホックに硬直性を仮定するのではありません。

経済モデルだから何かの仮定から出発するけれども、賃金が硬直的だということから出発するのではなくて、それよりももっとちょっと手前の世界を考えて、市場の失敗、あるいはコーディネーションの失敗が起こるような外部性とか、情報の非対称性とか、何かの要因を考えることによって結果として内生的に賃金が硬直化することを示すわけです。

そこで発生する景気変動は、均衡状態の変動であるという意味では、リアル・ビジネス・サイクルの議論と共通なのだけれども、それは効率的な均衡状態の変動ではなくて、情報の非対称性とかの結果として、コーディネーションの失敗が発生しているような非効率な均衡状態の推移であるととらえる。だからそういう非効率な均衡状態の推移だから、金融政策とかを使ってそれを是正してやることには意義があることになります。

金融政策でコーディネーションの失敗が生じるような要因を取り除いてやった後に実現する状態は、リアル・ビジネス・サイクル・モデルが描くような状態だという理解です。

池田◆一般の人々の理解はそこから一周ぐらい遅れていて、まずＩＳ－ＬＭみたいな大学のときに習った図式がずっと頭にあって、政府が総需要を刺激したら需給ギャップがなくなると単純に考える人が多い。実はあの図式は、価格が一定だという前提があるのです。価格が動くとすると、賃金を下げたら労働需要が増えて失業はなくなるはずです。それがなくならないのは、賃金や価格の硬直性があるからです。

だから大学で習うマクロ経済学は、ミクロと矛盾したことを教えています。ミクロでは価格はフレキシブルに動くのに、マクロでは価格が動かない経済学を教えている。大学院以上でやっている経済学と、学部で教えている経済学との間に大きな違いがあって、一般の人はいまだにマクロとミクロを別々のロジックで考えることに大きな問題があるということに気づかない。

　専門家の中ではそういう矛盾のない理論体系になっているのに、官僚とかメディア（政治家はもっとひどい）の中には、いまだに古いケインズ的な図式が残っています。その意味では、ケインズの『一般理論』という名前がミスリーディングで、あの本が『一九三〇年代の特殊理論』という名前で出版されていれば、戦後の混乱は防げたかもしれない。


池尾◆繰り返すと、価格の硬直性というのは原因ではなくて結果だと考えています。だから問題を引き起こす原因は情報の非対称性だったり、何らかの外部性だったり、そういう広い意味で市場の失敗を引き起こす要因になります。

　ミクロ経済学では、すでに述べたように一九七〇年以降は市場の失敗の議論が中心なわけです。どういうときに市場が失敗するか、市場の失敗をもたらす原因はいくつか特定されています。そういう市場の失敗を引き起こす原因が、価格の硬直性をもたらす原因にもなって、それがひいては失業をもたらす原因にもなるという理解にいまはなっています。したがって、失業をなくすためには市場の失敗を引き起こす要因を除去する、ないしはそれの効果を何らかの形で中立化するようなことをしてやる必要があるということです。

　要するに、不況というのは、ある種の市場の失敗だととらえるわけです。この不況をもたらしている市場の失敗の原因は何かということを特定化してとらえることが必要で、その原因を特定化できれば、その原因を除去するためにどういう政策的な対応があり得るかという話に進むことができるようになります。

池田◆そこは今後、どうするかを考えるときに大きな分かれ目で、メカニズムを直さないで総需要を追加するというのは、財政であれ金融であれ対症療法なんですよね。

池尾◆市場の失敗として価格の硬直性が起きて失業が生じているとき、原因を何もいじらないで、価格の硬直性を所与として、最後のところで需要を増やすようなことをしても対症療法にすぎません。価格の硬直性のさらに背後にある、それをもたらす市場の失敗の要因を特定化して、改善するという政策を取らない限り、問題は解決しない。結果としての価格の硬直性を所与にして、その先で需要を付けるという政策をやっても、それは一時しのぎにすぎないというのが現代的な理解ですよね。

池田◆でもそれが霞が関とか自民党には理解されていなくて、また定額給付金とかいって七〇年前みたいな政策が出てくる。アメリカなんかは専門家の中ではそういうことが分かった上で、今回は異常事態だから異常な対応を取らないといけないという条件付きで言っているのに、日本は不況のときには政府が出てくるのが当たり前だみたいな理解でしょう。少なくとも政策決定をやる人々は、もう少しきちっと理解してもらわないと困ります。

その3 経済政策をめぐる争点

――FEDビューとBISビュー

池尾◆金融政策に関して、ＦＥＤビューと、ＢＩＳビューの話が残っているので、それから話をしましょう。この見解の相違は、結局、資産価格を金融政策の運営においてどの程度考慮すべきなのかという問題にかかわります。

バブルかバブルではないかは、弾けてみるまで分からないから、弾けた後、事後的に対応すればいいというのがＦＥＤビューというか、グリーンスパニズムです。しかし、今回のような事態が起こると事後的に対応しきれない可能性がはっきりと示されたわけだから、ＦＥＤビューはちょっと旗色が悪くなってきていると思います。バーナンキ自身、ＦＥＤビューを修正するような発言をしています。他方、いろいろな指標を見て歴史的トレンドから大きく離れていれば、中央銀行は資産価格の動きにも警戒をして、何らかの事前的対応をすべきではないかというのがＢＩＳビューです。

「日銀理論」とかいう言い方があって、日本銀行は何か特異な考え方をしていると思っている人が、経済学者を含めて日本には多い。しかし、私は日本銀行が決して世界的にみて特異な考え方をしているとは思いません。少々意地の悪い言い方をすると、そんな我一人、独自な考え方をするだけの「孤高の力強さ」のようなものが日本銀行にあるわけはない。ほかの中央銀行の姿をいろいろと見ながら、横並びで同じような考え方、仕組みにしようとしていると理解した方がいい。むしろ特異なのは、FEDなのですよ。

というか、アメリカという国はやっぱり特異でしょう。よく日本経済に関して、アメリカと日本を比較して日本は特殊だという議論をしがちなところがあります。しかし、日本とヨーロッパ、とくに大陸ヨーロッパ諸国を比較するとそんなに違わない。むしろ似ている面が多かったりします。国際比較をすると、特異なのはむしろアメリカです。

世界中の中央銀行の中で特殊な考え方をしているのも、やっぱりアメリカですよ。BISは中央銀行クラブで、FEDもBISのメンバーだけれども、FED対FED以外の世界の中央銀行というのがFEDビュー対BISビューになります。FEDビューはグリーンスパンの見方です。伝統的なヨーロッパの中央銀行とか、それに同調する日本銀行とかの考え方の方が、数からいえば多数派です。

池田◆スティグリッツが、投資銀行を規制しようとしていたボルカーをやめさせて、グリーンスパンを議長にしたのはレーガン大統領だったと指摘しています。グリーンスパンは、アイン・ランド

（アメリカの作家・自由主義思想家）のクラブに所属するリバタリアン（自由主義）で、思想的にもかなり特異な人物です。

非伝統的な金融政策

池田◆次に、伝統的な利下げなどの手法だけではなく、非伝統的（unconventional）な金融政策――あるいは非正統的（unorthodox）な金融政策――を取らなければいけないという議論がいま巻き起こっていて、現実にもうFEDも日銀もそれを実施していますが、どう思いますか。

池尾◆金融政策というのは基本的に金利コントロールです。安全資産を売り買いすることによって名目金利を操作し、それを通じて（名目金利から予想インフレ率を引いたものである）実質金利に影響を与えようというのが金融政策なわけです。

名目金利を動かしたときに、どれぐらい実質金利に影響を与えられるかという点において、予想インフレ率という要素が入ってきます。名目金利を一%下げても、そのときに予想インフレ率も一%下がっちゃったら、実質金利には何の影響も与えられないことになります。だから予想インフレ率を安定化させることが、金融政策上、非常に重要な問題になります。ただし、予想インフレ率がボラタイルに動かないようにすることが重要なのですけれども、予想インフレ率というのは中央銀行が自分で直接動かせない変数です。とにかく名目金利を動かして実質金利に影響を与え、現実の実質金利と**自然利子率**（長期均衡実質金利）との間のギャップを埋めることが本来の金融政策なわけです。

しかし、名目金利にはゼロ以下には下げられないという制約があります。もっと実質金利を下げたいと思っても、このゼロ金利制約に直面して名目金利がもうこれ以上は下げられないというとき、金融政策にはもうできることはないのか、まだ何かできるのか。何かできるとして、何かをやるとすると、それは定義的に非伝統的な金融政策ということになります。それで、非伝統的な金融政策としては量的緩和という例もあるし、それからリスク資産の購入ということがあります。

池田◆三つ目は**インフレ目標**。インフレ抑制の目標は伝統的政策だけど、人為的インフレ政策は非伝統的ですね。

池尾◆そう。本来の意味でのインフレーション・ターゲティングという金融政策の運営枠組みの話と、かつてわが国で主張されたインフレ目標「政策」というのは、似て非なるものなので、はっきりと区別しなければならない。

現在では、先進国の中央銀行の金融政策運営スタンスは、短期的には景気変動をなだらかにすることに配慮しながら、中長期的な物価の安定を目指すという点で一致しています。ただし、物価安定の内容（目標とするインフレ率）をどの程度まで明示的かつ数量的に示しているかについては、各国の中央銀行の間で濃淡の差があって、目標とするインフレ率の値、またはその幅を数値的に約束している場合をインフレーション・ターゲティングと言っています。

だから、インフレーション・ターゲティングにも、数値目標的なものを単に示しているだけのソフトなものから、厳格にその数値目標にコミットしているハードなものまでいろいろあります。インフレ抑制が課題だった頃には、ハードなインフレーション・ターゲティングの枠組みが採用される傾向があったけれども、最近は、バーナンキ流にいうと「フレキシブルな」インフレーション・ターゲティングが主流になってきています。日本銀行も、審議委員の考える「物価安定の理解」というのを公表しているから、ソフトなインフレーション・ターゲティングを採用していると言えないこともない。

これに対して、かつてわが国で主張されたインフレ目標政策というのは、極端なインフレ目標を掲げて人々の予想インフレ率を人為的に引き上げようというものです。具体的には、中央銀行が「これから無茶苦茶マネーを増やすから、絶対にインフレになると思え」と宣言するというものです（笑い）。さっき説明したように、実質金利の決定には予想インフレ率という変数が入ってくるわけだから、名目金利がゼロまでしか下げられないとしても、何らかの手段で予想インフレ率に影響を与えて予想インフレ率を引き上げられれば実質金利は下げられるということになります。

しかし、本来の意味でのインフレーション・ターゲティングのように、中央銀行が本当に望ましいと思っているインフレ率の値、例えば一～二％を示すのだったらいいのですが、実質金利を下げるために極端なインフレ目標、例えば四～六％を掲げても、合理的な人々が信用するわけはありません。というのは、実際に四～六％のインフレになったら、中央銀行は当然に引き締め政策をとるはずだからです。高インフレになっても、それに対応しないでいるという「無責任になることを信頼できるかたちで約束する」ことは、通貨の番人たる中央銀行にはできません。

池田◆そういうことを一部の経済学者がまじめに主張したわけです。彼らは経済学のコンセンサスだとか言っていたけど、じゃあ今アメリカで誰か言っているのか。張本人のクルーグマンも明示的に引っ込めちゃったし、バーナンキも自分がやろうとしたらできるのに言及もしない。どうなっているのという感じです。

池尾◆これからずっと俺は無茶苦茶するぞなどということに、責任ある中央銀行がコミットできるわけがありません。

日本銀行は、量的緩和は行いましたが、リスク資産を買うというのは例外的にしかしていません。ところが、いまのＦＥＤはその両方の非伝統的金融政策をやっています。むしろＦＥＤは、量的緩和はほとんど効かないと判断しているらしくて、主眼はリスク資産の購入にあります。量的緩和はその副産物といった感じです。すなわち、信用に基づく緩和（credit-based easing）をやっていると言われています。
要するに、いまは安全資産金利とリスク資産の利回りの格差、つまりリスクプレミアムがすごく拡大しているので、ベースの安全資産金利がゼロでも民間の調達金利は高止まりしている。そこで、リスクプレミアムの縮小を直接の狙いとして、FEDはリスク資産を買っているわけです。狙い通りにリスクプレミアムが縮まれば、民間の企業とか家計からみたときの調達コストは下がるわけだから、追加的な緩和効果はあるという話になります。ベースの安全資産金利はもうゼロ以下に下げられないとしてもね。しかし、その実際の効果については、それこそ大いなる社会実験だとしか言いようがないですね。

池田◈それは金融政策だけを見ていると、やっても悪くないことみたいに思えるけれども、問題はやっぱりそれが財政とか、アメリカのマクロ的な経常収支に影響を及ぼすと、意図せざる結果を引き起こすリスクが相当あるんじゃないかと、私は思うのですけどね。
アメリカ国内の金融政策としては、それでドルが暴落したら、輸出産業が儲かってアメリカの景気もよくなる。その代わり海外の投資家は大きな損失を被って、世界中に金融危機が波及し、もっとひどいことになる可能性がある。それをアメリカが果敢にやっているとかほめるような話じゃないと思うんですよ。あれは追い込まれて、よその国に迷惑を及ぼすことを覚悟でやっているわけだから。

池尾◆リスクがあるといえばリスクがあるわけですけれども、じゃあ、ほかに何か手があるのかという話で、まあ実験に否応なしにわれわれは付き合わされているということですね。

■政策の時間整合性

池田◆いま緊急に世界の中央銀行がやっていることは、いつ危機が元に戻るかよく分からないから、とりあえず緊急的に流動性を供給しましょうということですよね。それと壊れた金融システムを修復するという本来の問題がごちゃごちゃになっていて、とにかく通貨を供給すれば何となくよくなるのだみたいに議論する人が多い。

池尾◆風邪薬が売られていますが、風邪の原因そのものを治癒する薬ではありません。普通の風邪薬は、風邪の症状を緩和するものです。鼻水が出ないようにする、せきを止めるとか症状緩和薬を風邪薬と言っています。

同様に、アメリカの金融危機の本質が市場機構の機能停止というか、市場機構が壊れたことだとすると、市場機構そのものを立て直す対策を取るのが本来は一番いいのだけれども、どうすればいいか、まだよく分からない。それで、市場機構が壊れたことによっていろいろ発生している症状を緩和するような政策をいまのところ取っている。

その典型が、流動性を供給することによって資金繰りとかの困難をできるだけ和らげてやるということです。熱を下げるとか、せきを止めるようなことで症状を和らげ、自然治癒というか、人間の免疫機構による風邪の治療を期待するのと同じで、市場機構が自生的に再構築されることを期待していると言えます。

池田◆その二つの問題を混同して、日本で一時期はやったみたいに「まずデフレを止めよ」と、デフレさえ止めたらデフレの原因も自然に直るというような、原因と結果をごっちゃにした議論が多い。いわゆるリフレ派の人々の中には、短期的な手段がずるずるっと病気も何となく治すように言う人が多い。

しかし歴史的に見ると、短期的な症状を緩和する政策と中長期的に制度を立て直す政策というのは、しばしばトレードオフの関係になる。それがとくに顕著なのは、トゥ・ビッグ・トゥ・フェイル（Too Big To Fail、大きすぎてつぶせない）という問題です。救済は事後的には望ましいことが多いんですけど、それをやりすぎると中長期のインセンティブの歪みが起きるというトレードオフ。

池尾◆そうです。経済学でいう典型的な時間的非整合性の話です。

よく冬山登山の例で説明したりしますけれども、無謀な冬山登山を抑止するためには、遭難しても助けないぞと言っておくのが事前的にはいい。無謀なことをしたって自己責任だから助けないと言っておいた方が、無謀な行動を抑制することにつながります。しかし、実際に冬の登山をやる人が出て遭難しちゃうと、人命は大切だから、事後的には助けるというのが最適な政策になるわけです。

事前的には助けないと言うのが望ましいけれど、事後的には助けることが最適になる。そうすると事後的にそうなることを読み込んで、無謀な登山をする人が出てくるというのが時間的非整合性の問題なわけです。その解決のためには、事後的に望ましくても、それができないようにあらかじめ手足を縛っておく――コミットするとか、ボンディングするとか言いますけど――ことが必要だという話になります。

金融危機の場合も事後的には救済した方が望ましいケースが多いと言えます。政治的には非常に反発を招いたりしがちですけれども、経済合理的に言うと事後的には助けた方がいいケースが多い。冬山登山の遭難みたいな感じで、人命は大切だから救う必要があるというケースが多いわけですけれども、でもそうすると、一つの危機の事後というのは次の危機の事前だから、そこで助けたという実績をつくってしまうことになります。すると、次も助けてくれるだろうということで、投資行動等が野放図なものになりがちであり、モラルハザードの危険がある。それゆえ、我慢して、事後的に助けるべきであっても、ある程度助けないという行動を取る方がいいという議論になります。

要するに、そこは最終的には比較考量の問題で、モラルハザードの弊害といま助けないことによるコストとの兼ね合いなわけです。だから悪いけれども、小さな金融機関がちょっと破綻したぐらいだったら、コスト比較からいうとモラルハザードを抑止すべきであり、厳格な対応を取って、破綻した金融機関は清算して整理するみたいな行動を取る方がいいという話になります。ところが、すごく大きな金融機関が破綻するとか、ものすごい数の、例えば金融システムを構成する金融機関の大半がおかしくなるとかいうことになると、将来モラルハザードの危険があるからというコストよりも、救わないことのコストの方が大きくなっちゃうから、やっぱりベイルアウトした方がいいとなります。

　そういうケースをトゥ・ビッグ・トゥ・フェイルとか、トゥ・メニー・トゥ・フェイル（Too Many To Fail、多すぎてつぶせない）とか言っている。シティバンクが救済されたときに、ＢＢＣのニュースでは、トゥ・クリティカル・トゥ・フェイル（Too Critical To Fail、重大すぎてつぶせない）とか言っていました。確かに将来のモラルハザードにつながりかねないというコストがあるのだけれども、トゥ・ビッグなのか、トゥ・メニーなのか、トゥ・クリティカルだか知らないけれども、やっぱり事後的に救わないことのコストがさらに大きいケースでは、そういう行動を取らざるを得ない。そこは比較考量の話になります。

池田◆事後の救済策と事前にどういうルールを決めておくかという問題は、区別しなきゃいけない。九〇年代の日本の銀行行政が失敗したのは、それを全部ごちゃごちゃにしたことだったと思うのです。事後には助けざるを得ないというのは、とくに役所の人は目の前のことしか見えないから、やむを得ない。そこしか見てないから問題を先送りして、不良債権処理が十何年かかかって滅茶苦茶になったわけです。

池尾◆比較考量しないといけないのです。事後的に救済することにメリットがあるのは、ほぼ確実なわけです。ただし、それが将来のモラルハザードにつながって、一定のコストを生むということもみなきゃいけない。モラルハザードにつながるコストを無視してしまえば、常に救済するのがいいという話になってしまいます。そのコストはゼロではないから、よほどトゥ・クリティカルとか、トゥ・ビッグでない限り、厳格な対応を取ることが社会的に望ましいといえることは確認しておく必要があります。

池田◆池尾さんは日本の教訓は役に立たないと言いますけど、目の前の事後の問題だけ見ていると、ああいう最悪の結果になるという偉大な教訓を残したと思います（笑い）。ＦＥＤにしても欧州にしても、日本の教訓は相当、意識していますよね。

池尾◆残念なのかやむを得ないのか知らないですけど、反面教師としてしか評価されていないですよ（笑い）。

第6講

危機後の金融と経済の行く末

――中長期的な展望と課題――

池尾◆この講義では、危機後の金融と経済の行く末についての中長期的な展望と課題を議論することにします。

その1 投資銀行は終わったのか

投資銀行の慢心

池田◆投資銀行に代表されるアングロサクソン型の金融資本主義はもう終わったのだ、ああいうのはもともと幻想だったのだ、という話が最近日本では盛んに行われているのですけれども、まずこれについてどう思いますか。

池尾◆復習のために、第3講での議論をかいつまんで繰り返すと、一九八〇年代を迎えた頃、戦後の経済復興と成長が一段落して、先進国が成熟化してきます。そういう中で資金不足で困るという状況が基本の経済構造から、カネ余り、資金余剰が基調の経済構造に変わってきます。それに伴って、伝統的な金融業は不況産業化するわけです。

以前はカネを貸しているだけで一定の利ざやが確保できる、金融機関から見れば非常に楽な経済環境でした。新卒学生の雇用マーケットでは、買い手市場だと企業の方が、売り手市場になると就職先を探している学生の方の交渉力が強くなります。金融も同じで、基調が資金不足だと貸し手の金融機関の方が強い交渉力を持ち、そういう時期には金融業はいい商売でした。それが逆の経済環境に変わって、カネを貸すだけでは利益を上げられないし、経営不振に陥るようになります。

そういう中で金融業のパラダイムを転換して、新たなフロンティアを切り開き、金融業を革新するとともに再活性化する貢献をアメリカの投資銀行はしました。だから、投資銀行については評価される面が大いにあるというのが基本的な認識です。

ただし、投資銀行は成功を収めた結果、規模が拡大して肥大化し、それとともにある種の変質、言い方を換えると堕落していった。それが直近の一〇年、あるいは五年の中でみられたことです。この五年ないし一〇年の変質した姿を、投資銀行の本質であるとみるのはちょっと違います。

池田◆投資銀行はIT産業と似ているところがあると思うのです。IT産業もこの二〇年ぐらい、基本的にはずっと右上がりできたんだけれど、一〇年ぐらい前にインターネットの商売をやったら何でも儲かるのだという幻想があって、明らかに収益が上がる見込みのない企業にどんどんカネが集まる。それがおかしいという人がいても、頭の古いやつには分からないと言って聞かないという状況がしばらく続いたわけです。

投資銀行の社員の話を聞いていると、バブル期のIT産業によく似ていて、邦銀はしょせん難しい金融技術を知らないと見下していた。こういう慢心が問題をおかしくした一つの原因じゃないかなと思うのです。

池尾◆リスクにかかわる取引では、伝統的な銀行家は確かにノウハウを持っていなかった。リスクにかかわる取引では自ら開拓して手法等もつくり出してきたから、そういうプロセスで、古い銀行とは違う新しいビジネスフロンティアを自分たちが築き上げて、それを確立するだけのノウハウとか能力を発揮してきたのだというある種の自負心が投資銀行に生まれたことは、別に不思議ではありません。それが健全な自負心ならいいのだけれど、だんだん尊大なものになっていくという変質のプロセスがあったと思います。

発行市場と流通市場という区別があります。要するに、企業が新たに資金調達するために社債などを発行するのが発行市場で、そういう形で発行された社債が、途中で投資家の間で転売されたりするのが流通市場です。投資銀行は、発行市場と流通市場の両方で仕事をしています。流通市場ではディーリングをやっています。流通市場で取引されている様々な金融商品の価格体系の歪みを発見して、さや取りをして儲けています。

投資銀行の流通市場での業務は、歪みを見つけてそれを裁定することによって利益を上げるというビジネスモデルと言っていい。そういうビジネスモデルにはジレンマがあります。歪みがビジネスチャンスなわけですが、歪みを利用して儲けることを続けると、歪みそのものが解消されてビジネスの種がなくなっていくわけです。

八〇年代の世界の金融資本市場には多くの歪みがあり、それをめざとく見つけてアービトラージ（裁定）することによって投資銀行は伸びることができた。それで規模が大きくなります。九〇年代に入ると、投資銀行のおかげで金融市場の歪みがなくなっていく。すると、ビジネスチャンスが少なくなってきます。しかし、投資銀行の規模はどんどん大きくなっていた。

そうした変化によって、既存の歪みを見つけて裁定するビジネスから、きつい言い方をすると、自ら歪みを作り出すビジネスを行うようになっていった。堕落したわけです。二〇〇〇年以降は投資銀行ビジネスというと、顧客との間の情報の非対称性を解消するのではなく、自分で歪みを作り出してそれを利用して儲けるという、社会全体から見ると新しい価値を生むことにつながっているかどうか疑わしいビジネスに変質してしまった。

■──アジア金融危機とＬＴＣＭ

池田◆一九九七年から九八年にかけて起きたアジア金融危機とＬＴＣＭの破綻あたりで、おかしいのじゃないかということに気付いてもよかったんじゃないかと思います。アジア金融危機も、一種の取り付けだったと言われています。ＬＴＣＭは、元は純然たるさや取りから出発して、それがだんだん行き詰まってきて、偏ったリスクを取るようになったのが破綻の原因だと理解されていますね。

池尾◆一言で言うと、ロシアがデフォルトするとは思わなかったということです。彼らの使っていたモデルでは、ロシア国債が理論的に想定されるよりも極度に割安になっていました。それで、その割安なロシア国債について買いポジションを取った。その資金はアメリカ国債をショート、売ることによって調達しました。理論価格に比べて極端に低い値段が付いているから、そのうち理論価格に近づく方向で修正されるだろうと考えたわけです。ところが、ドル不足で国債の償還ができないことからロシア国債が暴落した結果、ＬＴＣＭは大損しました。ある意味で単純な投機の失敗と言えます。

投資銀行は規模が大きくなりすぎていた。それは投資銀行だけが悪いわけじゃない。ＬＴＣＭはヘッジファンドと言った方がいいと思うのですけれども、世界的なカネ余りの中で投資資金が集まりすぎると表現してもいい状況があったわけです。高い利回りで運用してほしいという資金がいっぱい来るものだから、自制心が働かなかった。投資家が言ってきても、お断りしますと自制が働けばいいわけですけど、なかなかそうならない。出資したいという人がいるとそれを受け入れてしまう。

すると、ファンドの規模がどんどん大きくなっていきます。大きくなったファンドについて、従来と同じようなリターンを確保していこうと思うと、ニッチなときとは全然違う話になって、何かやっぱりちょっと変なことでもやらないとリターンが確保できないことになってしまいがちです。

池田◆本来の金融工学では、ＬＴＣＭみたいに、ある程度さやが広がったら、それはいずれ理論価格に戻ると想定して、効率的市場仮説で理論価格を決めるわけです。ところが実際には一〇年に一回ぐらい、その逆のことが起きる。その前は一九八七年に起きたし、だいたい一〇年おきぐらいに「テールイベント」と言われるものが起きるわけです。

池尾◆リスク管理の基本的な手法として、**ＶａＲ**（Value at Risk）という考え方があります。ＶａＲでリスク量を測定するのは平時の話です。だけど、いつも平時ではない。異常時、ないしは緊急時の局面を迎えることがあり得ます。平時のリスク管理とともに異常時に対する備えをするのが、本来の金融工学から見た正しいリスク管理です。異常時に備えたリスク管理は、要するにストレステストをしっかりやることです。

　正常時には起こらないけれども、異常時には極端なストレス、何らかのショックが金融市場にかかることがあります。めったにないけれども、大きなショックがかかったとき、本当に耐えられるかどうかをシミュレーションするのがストレステストです。だから、ストレステストを行うのが本来のリスク管理で、ストレステストをしっかりやらずに、ＶａＲだけを見ていてリスク管理をしているというのは、金融工学的に見て正しいあり方ではありません。

　ストレステストでは、どこまでのストレスを想定するかが重要です。過去一〇年、二〇年の金融資本市場の経験における最悪の事態を想定しているか、あるいはそれ以上の大きなストレスを想定しているか。ストレステストの結果は、どういうシナリオを想定してやるかでも違ってきます。この点で、金融技術だけで決まる話ではなく、経営者の経営方針とか、経営哲学に左右されるわけです。金融技術も技術にすぎず、技術が経営してくれるわけではありません。経営者が技術を使って経営するわけです。だから、金融工学は道具にすぎないということを、改めて確認すべきだと思います。

問題は金融工学ではなくユーザー

池田◆ただ金融工学では、資産価格が正規分布になっているといった単純化の仮定をおいて分析します。英語に「街灯の下で落とし物を探す」という格言がありますが、分かりやすい問題を解こうとする傾向があって、金融工学もあそこまで教科書ががっちりできると、それを勉強するだけで頭がいっぱいになって、それが世界のすべてだと思い込んじゃう傾向はあるのじゃないですか。

池尾◆そういう傾向はあると思います。しかし、それは金融工学が悪いわけではなく、金融工学を勉強している人の能力が低いということでしょう（笑い）。金融工学、広い意味で統計学等の知識は、金融ビジネスをやるときにベーシックな教養として、これからますます不可欠になるものだと思いますが、金融工学のテキストを一冊読んでマスターすれば、それでビジネスができると思うことは浅はかです。

今回の危機で、金融工学なんて勉強しなくてもいいといった風潮が一部に見られますが、金融工学の知識は職業上の素養として不可欠です。金融技術の基本的な素養の上にどういう経営をするのかという経営哲学、ポリシーがあって初めてビジネスが成り立つわけです。ベースとしての金融技術的な知識と、どういうポリシー、フィロソフィーに基づいて経営をするかという理念がそろって初めて実際の金融ビジネスをやる体制になる。どちらかが欠けていたら、それは不可能です。

池田◆そもそも今の金融工学は根本的に間違えているという批判もあります。経済物理学と言われる分野で外為市場や株式市場の細かいデータを分析すると、正規分布になっていない。ロングテール型の「**ベキ分布**」になっている。ブラック＝ショールズをはじめとするいまの金融理論は、九五％は近似的に当てはまるけれど、残りの五％のテールイベントのところは、全然違う結果が出てくるわけです。

池尾◆金融工学は技術としてまだ不完全だということです。枯れた技術と新しい技術という分け方でいうと、金融技術は枯れた技術にまでは至っていません。金融工学は新しい技術です。池田さんが指摘された問題は、ファット・テール・プロブレムと言われています。投資理論の研究者は、その問題をどう扱うか議論しています。そういう研究や議論の成果を踏まえて、金融技術も進展しています。正規分布だけ考えたようなモデルは教育上のモデルで、教えるためのモデルでしかない。職業として金融工学をやっている人は、ファット・テールの問題ぐらい分かってやっていると、私は信じますけどね。

教科書を半分ぐらいしか読まなくて、それで金融技術が分かったようなつもりになってやっていた人はいるかもしれない。でも、そういう人がいたときに責められるのは金融技術でしょうか（笑）。

アメリカ社会全体に慢心が発生していたことは事実だと思います。第2講に議論したように、一九八五年ぐらいからマクロ的に見ても非常に平穏な時代、グレートモデレーションと呼ばれる時期が二〇年以上続いた。投資銀行ビジネスでも、非常に順調に成功を収める時代が続きました。平穏な時期が一〇年、二〇年続くと、リスクに対する感度が非常に鈍くなるとか、いろいろな物事について高をくくるようになるというのは、人間性の問題として避け難いところがあります。

成功が続いたがゆえに、リスクを軽んじるようになる、高をくくるようになる面があって、それに対する強烈なしっぺ返しが、今回の危機の出現である、ということとして理解できるのではないかと思っています。

池田◆CDOの解説書を読んでも、価格づけについては詳細に書かれているのに、ストラクチャー商品をどうやって決済するかといったことはほとんど書いてない。それはCDOに組み込まれている証券の価格の合計だと単純に仮定していて、値が付かなくなったらどうするかということは、今年出た教科書にも書いてない。

池尾◆マーケット全体のことを考えてビジネスをやっていたかと言われると、考えていないのが普通だという気はします。第三者的にみると、後知恵かもしれないけれど、危うさが確かに見て取れるとしても、自分のビジネスは考えても、マーケット全体がどうなっているかを当事者が深く考えてビジネスをやるという方が、むしろ不自然です。

全体のマーケットを見るのは、それこそ政策担当者とか、規制当局の役割のはずです。市場全体として脆弱な構造になっているかどうかをモニタリングして、しかるべき手を打つことをアメリカの政府当局がやってこなかったことが問題だと思います。そういう意味で、今回の危機は「市場の暴走」であると同時に、「政府の失敗」の結果だと前講でも指摘したわけです。

池田◆投資銀行の社員に「取引所で決済した方が合理的なんじゃないの」と尋ねると、「よその銀行に客を取られるようなことはしない」と言う。相対でやっているのは、ものを知らない客が逃げられないようにするためなんだから、取引所なんてつくっても使わないと言っていた。

要素としてのCDSなどの金融商品には相場が立っていたので、そこだけ見ていると流動性は非常に高い。むしろ流動性が高すぎてすぐさやがなくなるので、それだけでは儲からないから、CDOとか、そのスクエアードとかトリプルとかを組み合わせた複雑なストラクチャーを組む。

ケットの構造が二重、三重になっていて、本源的なマーケットの流動性が高すぎるために、一次、三次のマーケットの流動性を低くするように投資銀行が仕組むインセンティブを生んだように思います。

池尾◆すでに何度も述べたように、投資銀行が肥大化して変質したことが今回のクラッシュにつながったわけだけれども、これで投資銀行が終わりということはないと思います。投資銀行の本来的な、原点的な業務は、流通市場でのさや取りにあるのではなく、事業会社の財務活動をいろいろな意味で支援することにあります。事業会社が資金調達したいとき、どういう形で資金調達をすれば、その企業にとって一番有利かということをアドバイスしてアレンジしてあげるのが、投資銀行の業務なわけです。

企業の再編、例えばＭ＆Ａのアドバイスなどが投資銀行の原点的業務で、そういう業務の重要性は何ら失われていません。ただし、この五年間か一〇年間はＭ＆Ａ業務などの利益率に比べて、マーケットでディーリングをやっている方の利益率が高かったから、利益率の高い方は経営資源の配分が過多になっていたわけです。いわゆる業態としての投資銀行はなくなったと言えるかもしれないけれども、機能としての投資銀行業務は、今後も重要なものとして発展していくと思います。そのあたりのノウハウに関して日本の金融機関はまだ弱いということも、変わらぬ事実として指摘しておきたい。

池田◆本来は資本の配分を効率化するという資本主義のコアの業務を担っていたのが投資銀行でしょ。さや取りというのは派生的な業務なのに、たまたまそれがここ二〇年ぐらい、ものを知らない人をだまして儲かっただけであって、それは長期的にそんなに大儲けできるはずのない業務ですよね。

そういう業務がここでいったん店じまいになるのは、ある意味では健全なことで、やっぱり資本主義のコアというのは、ちゃんと企業がイノベーションをやるとか資本効率を高めるとか、そういう努力をしない限りは付加価値は付かないわけだから、それを支援する資本市場の役割は非常に重要です。この点で日本が大きく立ち後れていることは明らかです。こういう問題を区別しないで、すべて一緒くたにして「グローバル資本主義は終わった」とかいう教訓を学んだら絶対にだめだと思うのです。

その2

規制監督体制見直しの課題

──逆淘汰としての金融危機

池尾◆今回、高度でいたずらに複雑だった市場機構が壊れたわけです。なぜ壊れたかと言えば、格付が信用できなくなったことが直接的な理由の一つとしてあるわけです。資本市場の取引が拡大する中で、自分でそれほど情報処理能力を持っていない投資家も参入してきた。そういう投資家は、格付を目安に取引をしていた。それは必ずしも非難されるべきことではありません。一人か二人でやっているのを市場取引とは言わないわけで、多くの主体が参加する文字通りの市場取引が可能になるためには、信頼できる形で一定の情報をパブリックに提供するメカニズムが備わってないといけません。資本市場が成立するには、一定の情報インフラが整っている必要があるわけです。

情報インフラの典型的な例が、格付会社による格付という仕組みでした。それを信頼して取引をしていたのに、昨日までトリプルAだったはずの証券化商品の格付が、ごく短期間に投資適格を外れるぐらいまで格下げされた。それも一件、二件だけじゃなくて、大量に格下げが行われた。そのことで、格付が信頼できなくなってしまった。これが、すでに見たように、市場が壊れた大きな原因の一つです。

こういうことを再び起こさないためには、資本市場の情報インフラを再構築する必要があります。したがって、これからの規制監督体制の再編成を考える際には、資本市場の情報インフラの信頼性を確保するというのが、その基本目的の一つになるはずです。

もう一つ、市場が壊れた原因としてあげられるのは、エージェンシー問題がコントロールできていなかったことです。現在の金融取引は、投資家が自分で全部やるわけではなく、運用も調達も、専門家にお願いして代わりにやってもらうという仕組みになっています。資金運用では、投資家がファンドに出資して、ファンドのマネジャーに運用を依頼しているわけです。

しかし、投資家の代わりにやってくれる人が、投資家の利益を十分におもんぱかってまじめにやってくれるかどうかは保証の限りではない。この問題を経済学ではエージェンシー問題と言っているわけです。アメリカの場合、業績あるいは成果にきわめて敏感に連動するような報酬システムを採用することによって、エージェンシー問題を解決したという話になっていました。企業経営の場合における株主と経営者の関係を考えると、そこにもやはり類似のエージェンシー問題が存在しています。しかし、例えばストックオプションを導入して、経営者の報酬を株価と非常に連動性の高いものにすることによって、利害の不一致をなくすことができたとされていました。

ところが、そういうハイパワードな報酬システムの導入によっても、実はエージェンシー問題は解決できていなかったわけです。むしろそういう報酬システムが存在することによって、目先の業績だけをよく見せて、あとは野となれ山となれみたいな行動が引き起こされた。すでに述べたように、投資家に隠れてリスクを取ることによって、これもまた見かけのリターンだけを高く見せて、結果的にファンドマネジャーが巨額の報酬をもらうといった歪んだ行動を引き起こすという弊害も非常に多かったわけです。

ということで、エージェンシー問題がコントロールできていなかったのが、今回の市場崩壊のもう一つの原因になっています。頼んでやってもらっていたのに、それが信頼できなくなったわけです。したがって、エージェンシー問題をコントロールすることが、規制監督体制見直しのもう一つの大きな柱になるべきだと考えます。

まとめると、市場の情報インフラの再構築とエージェンシー問題のコントロールの二つをいかに実現するかという観点から、今後の規制監督体制のデザイン、制度設計は行われるべきだというのが、私の考えです。

池田◆今回の問題は非常に複雑ですけど、考え方を変えると古典的な**逆淘汰**（アドバース・セレクション）と見ることもできます。これについては一九七〇年にジョージ・アカロフが書いた「レモン」についての論文（**文献11**）が有名です。

中古車の質について情報の非対称性があり、セールスマンが不良品（レモン）を売っているのではないかと客が疑うと、すべての中古車についての平均評価額が下がって優良な中古車は市場に出てこなくなる。そのために市場にはレモンばかり残るので、ますます客は買わなくなり、中古車市場が崩壊してしまうという話です。

この場合、重要なのは、優良な中古車とレモンが識別できるかどうかです。「これは優良です」という表示が信用できなくなると、客はすべての商品の平均評価額を下げるので、市場が成り立たなくなる。今回の金融危機でも、本来は優良債券とレモンは格付によって識別できるはずだったのですが、格付が信用できなくなってサブプライムローンがすべてレモンに見え、それを組み込んだすべての金融商品の平均評価額が大幅に下がって、取引が全部止まってしまったわけです。

池尾◆情報インフラが壊れ、機能しなくなる、具体的には格付が信用できなくなった結果、アドバース・セレクション（逆淘汰）の問題が蔓延するようになったのは、おっしゃる通りです。いろいろな証券化商品があるなかで、どれがちゃんとした証券化商品で、どれがレモンか分からなくなってしまった。だから、アメリカでは毒入り資産（Toxic Assets）という言い方をしています。日本では不良資産という表現で報道していますが、不良資産に相当する本来の英語はノン・パフォーミング・アセット（Non-performing Assets）です。それではなくて、今回の問題は、証券化商品に毒が入っているかもしれないということで忌避されるようになったレモン問題です。

それゆえ、情報インフラを再構築することによってアドバースセレクションが起こらないような体制を組むというのが一つの課題で、エージェンシー問題のコントロールというのは、モラルハザードを抑制するという問題です。アドバース・セレクションとモラルハザードにいかに対応するかというのは、基本的な問題です。

エージェンシー問題の対策

池田◆幸いなことに逆淘汰とか、モラルハザードとかについては、どうすればいいのかは経済学でよく分かっている。情報の非対称性をなくすことが一番いいけど、完全になくすことは不可能だから、そういう場合はプリンシパルとエージェントの利害をなるべく一致させるように報酬体系を設計することが原則です。

その意味でまずかったのは、前に見たように、投資銀行のトレーダーの報酬体系が非対称になっていたことです。個々のトレーダーにとっては、過剰なリスクを取れば、うまくいけば何百万ドルも儲かるし、失敗したら会社がつぶれるだけなので、いわば会社にリスクを負わせる形でトレーダーが過剰なリスクを取っていたわけです。これは合理的なモラルハザードで、防ぐ方法は分かっています。

池尾◆一般的に有限責任制のシステムは、リスク愛好的な選好を作り出します。ただし、そのことは分かり切っていることでもあります。ファンドマネジャーにとってのペイオフ関数が業績に対してコンベックス（凸）になれば、リスク愛好的になることは分かっています。だから、当然それに対していろいろな手当てをすべきなわけです。

そこの手当てが不十分だったということが問題の本質だと考えるべきで、リスク愛好的なインセンティブの歪みが生じることが、今回初めて分かったわけではない。そんなことは、昔から分かっている既知の問題なわけで、それへの対応が不十分だったことを反省すべきです。具体的な対策としては、インセンティブの歪みをできるだけ少なくするために、ファンドマネジャーにも身銭を切ってもらうようにすることなどが考えられます。

池田◈エージェンシー問題が一番強烈に出てきたのが、格付会社ですね。例えば格付会社が自分の評価する資産を一定程度買わなきゃいけないとか、そういう規制をすることは考えられますか。

池尾◈本当は規制しなくても、市場規律として実現されるべきです。例えばオリジネーターが本当に全部売り切って、劣後部分を一切持たないということになると、オリジネーターのインセンティブが歪む。これも分かり切っている問題です。分かり切っている問題に対応しない方が責められるべきで、やはりこの間、投資家がある意味で高をくくっていたということだと思います。高をくくっていると、理論が想定する通りにインセンティブが歪み、歪んだ行動が取られた。経済理論的には、こんなに分かりやすい話はありません。

池田◈ただ、みんなが合理的に行動することを勝手に仮定したらいけないわけです。行動経済学が指摘するようなバイアスは確実に存在します。今回の教訓は、みんなテールイベントを見ないようにするバイアスがあるということでしょう。テールイベントのところは、行政が監視しないといけないないんじゃないかなというのが私の印象です。

池尾◈その通りだと思います。そういう方向で、制度設計を考えるべきだと思います。市場の情報インフラというとき、格付会社はその一つですけれども、一般的にファイナンシャル・ゲートキーパーという言い方をしていますが、資本市場を成り立たせるには、周辺ビジネスというか、インフラ的な役割を果たすものが多く必要なわけです。

難しいのは、インフラは公共財だけれども、資本市場においてはそれがある種のビジネスとして供給されなければいけないことです。そこが資本市場の制度設計を考えるときの肝になる話になります。インフラだから公共財だということで、それは政府が供給するという話になると、資本市場のバイタリティが失われてしまう。例えば、格付情報は公共財だから国が全部格付するということになると、国の判断が正しいかどうか分からないということもあるけれども、いろいろな意味で資本市場のバイタリティが失われてしまう。イノベーティブな特性もそがれてしまう。

インフラ的な、公共財的な性格のサービスをマーケットベースでビジネスとして供給させるようにすることは非常に微妙というか難しい課題で、そこをうまく制度設計していくことが問われています。それがうまくできているかどうかが、資本市場のクオリティを規定することになります。それがうまくできている資本市場は、質の高い発展している資本市場になり、うまくできていないと、質の低い未発達の資本市場になるということです。

■市場を機能させるルールの設計

池田◆いまこういうふうになると、規制をしろという声が圧倒的に強くなっているのはやむを得ないけれど、やりすぎるとＳＯＸ法の失敗を繰り返すと思います。ああいう直接規制というのは、だいたい最悪の結果になる。なるべく市場主体のインセンティブを歪めないで、彼らの行動が誤った結果にならないようなルールの設計で直そうというメカニズムデザインという考え方があります。そういうのも活用して、マーケットの自由な活動をそがないような制度設計を考えないと、むやみやたらに政府が介入するのは危ないような気がします。

池尾◈いまどき、正面から社会主義がいいとか、計画経済にすればいいんだと言う人はさすがにいなくなりましたが、裏口からそういうことを意味するような主張をする傾向が、とくに日本の場合は非常に根強く残っています。

市場メカニズムは不出来なものかもしれないけれど、その不出来なものを何とか、少しでもいい形で使っていく以外に道はないのだという、冷めた認識が日本社会にはまだ乏しいと思われます。私は市場メカニズムというのは、決して一〇〇点満点のものだとか、八〇点取れる優等生だとは思っていなくて、欠陥の多い仕組みだと思っています。劣等生に近いかもしれない。まあ、ぎりぎり及第点が取れるぐらいのシステムというところです。

だから、市場メカニズムを悪く言おう、非難しようと思えば、材料はいっぱいあります。でも非難したからといって、じゃあ、代わりのものがあるのかという話です。代わりのものはないというところの認識があるかどうかが決定的です。

例えば、採用試験で、AとBという二人の候補がいるとします。そして、まずAを面接してみた。するとＡがあまりにもひどいということで、面接しないでBを合格にした。これは、明らかに正しいやり方ではありません。Aは確かにひどかったかもしれないけれど、Bを面接したらもっとひどいかもしれない。Aがひどいということによって、自動的にBがいいということにはならない。

にもかかわらず、あたかもそうなるかのような議論が日本社会にはすごく多い。そこで想定されているBというのは、実は計画経済だったり、統制経済だったりでしかないのに、市場経済の欠陥だけを言って、したり顔をしているような議論が多くみられます。しかし、それは大人の議論じゃないですね。

池田◆こういうときにいつも出てくるのが市場原理主義とか自由放任とか、要するにマーケットに任せていればすべてうまくいくと主張している経済学者がいると勝手に決めて、それはけしからんと言う。そういう経済学者がどこかにいるのですか。少なくとも今、大学で教えている経済学者でそんなことを主張している人はいないでしょう。

池尾◆日本の経済学者の品質保証はしかねるところがあるので、もしかするといるかもしれない（笑い）。しかし、むしろ「市場の失敗」が近年の経済学のもっぱらの関心事項だということは、すでに申し上げたところです。

池田◆最近の経済学で共有されている基本的な考え方は、市場メカニズムがちゃんと動くためにもルールは必要であるというものであって、ルールもなしにマーケットだけ導入したら滅茶苦茶になるというのは、社会主義が市場経済化したとき、分かったわけです。あのときミルトン・フリードマンは「プライベタイズ、プライベタイズ」、つまりとにかく私有財産にしてしまえば自生的秩序ができるだろうみたいなことを言ったわけだけど、それは社会実験としては大失敗で、フリードマンも間違っていたと認めました。

基本的にマーケットは何百年の伝統の中でかろうじて動くようになっているもので、長い間に蓄積されたルールとか暗黙の約束事とかなしで、七〇年以上も市場を見たことがない人がいきなり私有財産を持つと、マフィア化して滅茶苦茶になる。それはここ十数年、ようやく経済学が共有した話であって、そういう意味でいうと、純然たる自由放任の市場なんて現実に存在もしないし、ろくなものにはならないことは分かり切っている。

片方の極に完全な計画経済があって、これも機能しないことが分かっているわけだから、どういうルールの下で市場が動くのかという問題でしかないと思うのですよ。だとすると、アジェンダはわりと単純で、なるべくマーケットに任せるのだけど、それがおかしな結果にならないように制度設計をするということしか私はないと思うのです。

池尾◆考え方はおっしゃる通りです。私自身、もう一〇年以上、日本の資本市場を健全に発展させ、機能させるために、制度整備とルールづくりが必要だと発言し、努力してきました。市場経済とか資本主義をしばしばルール抜きの弱肉強食のジャングルのような世界に喩えることがありますけれども、それは大間違いです。市場経済とか資本主義というのは、プロスポーツに喩えられるべきだと思います。

プロスポーツは勝つことが至上の目的なわけです。同様に、市場経済はカネ儲けが至上目的かもしれない。でもプロスポーツは勝つことが至上目的だと言っても、何でもありではありません。一定のルールの下でやっているわけです。ルールなしの真剣勝負とか言っている格闘技だって、禁じ手に関するルールはあります。一定のルールの下でやるのがプロスポーツであり、市場経済はプロスポーツに喩えられるべきものだと思っています。

池田◆『国家の品格』で有名な藤原正彦さんが「市場原理主義こそ最大の敵だ」と言っていて、それが日本の一定の人々に支持を得ています。その議論を読んで危険だなという感じがするのは、彼は「市場原理主義というのはけだものの世界である」と言うわけです。これは問題を逆に見ている。市場メカニズムが機能している国って、実際にはものすごく少ない。数でいえば、機能していない国の方が圧倒的に多い。けだものだったら、ほっとけば生活しているでしょう。市場はけだものの世界じゃなくて、むしろすごくデリケートで壊れやすいものなのです。

池尾◆本当の資本市場、発達した資本市場を持てる国は先進国以外にはあり得ません。日本が本当の先進国に脱皮するために資本市場改革をやりましょう、と私は前から言っています。これまでの日本の市場経済は、ルールとか制度整備が不十分で、相手を騙して儲けるような行動を抑止する仕組みが十分に備わっていない、一言で言うと質の低い市場だった。それゆえに、いろいろな弊害を引き起こしてきた。そういう質の低い市場を見て、市場は良くないとある人たちは言っているわけです。

市場の質を高める努力をしなければいけないと総括すべきところを、質の低い市場が本来の市場なのだと思い込んで、市場というのは良くないと批判しているわけです。本当は日本にはない質の高い市場を見てもらって、クオリティの高い市場っていいものだと思ってもらわないといけない[注]。

その3 長期不況の予感

日本の問題は「アメリカ発の金融危機」ではない

池尾◆国際的な不均衡が拡大してきた中で、日本は恩恵を受けてきたと言えます。アメリカが最後の買い手として、財・サービスを吸収してくれていたことから、輸出産業は好調で、日本経済は景気回復を享受できたわけです。アメリカの過剰消費はよくないと言う人が日本ではわりと多いけれども、実はその過剰消費の恩恵を一番受けてきたのは日本経済だったということが、今回の危機ではっきり見えてきました。アメリカが過剰消費しなくなると、突然日本の景気は悪化した。日本経済が外需に過度に依存する形で、ようやく保たれていたということが、明確になったと思います。

池田◆ここ一〇年ぐらい日本経済が一応は立ち直ったように見えたのは、一部の輸出産業を――どこまで意図したかは別として――円安と低金利の金融政策でずっと支えてきた。それは結果的には輸出産業に対する補助金で、いつかはインバランスが是正されるわけです。日本の場合は一部の効率のいい輸出企業が外貨を稼いで、それを国内の効率の悪い部門に分配するという形できた。それは維持可能じゃない構造だと思うのです。

池尾◆輸出型の製造業だけが生産性が高く、製造業でも国内市場向けの中小企業を中心とした部分と非製造業を合わせた、国内市場でのみ活動している産業については生産性の水準は高くないし、伸び率も低い。そういう二部門経済構造というか二重経済構造に日本経済はなっています。そうし

注：池尾の所属する慶應義塾大学大学院経済学研究科・商学研究科は、京都大学経済研究所と連携して「市場の高質化と市場インフラの総合的設計」をテーマとするグローバルCOEプロジェクトを推進している。

た構造は、八〇年代以降、何ら変わらないままに二〇～三〇年間継続してきています。

それで、結局、一九八〇年代前半に直面した問題と基本的に同じような問題に再び直面することになっているわけです。われわれは何も問題を解決してこなかった、何の構造改革も実はやってこなかったという、残念だけれど、冷徹な現実をいま目の前に突きつけられているということだと思います。

池田◆日本で今、起きている問題がアメリカの失敗の波及効果で起きているだけだという認識では、なぜ日本の株価が主要国で最大の下げ幅になったのかが理解できない。

池尾◆最初にサブプライムローン問題とか言っていた段階から、全般的な信用市場の危機に拡大し、さらに実体経済の危機にまで拡大してきているわけですが、実体経済に影響が出てきた局面になると、実は日本経済は決して危機から遠い存在ではなくて、危機の直接の背景にあったグローバルインバランス問題において、是正を強く求められる側の一極だということがはっきりしてきた。

池田◆いまアメリカが直面しているのは、金融システムを直すという問題で、これはどうすればいいかは難しいけれど、問題がどこにあるかはかなりはっきりしている。ところが日本の問題は、ここ二〇～三〇年、ずっと抱えてきた実体経済全体の問題なのです。

池尾◆アメリカ側は経常収支の赤字を縮小しなければいけないわけです。だから消費を減らして貯蓄を増やさないといけません。アメリカが経常収支の赤字を減らす分、日本、中国を含めた東アジア諸国とか産油国は経常収支の黒字を減らさないといけないわけです。経常収支の黒字を減らすということは、貯蓄を国内でもっと投資に使うようにするか、そもそも貯蓄をあんまりしないようにする以外にはありません。

それを実現する構造調整は、そんな生易しいものではありません。アメリカも大変な構造調整を迫られるはずです。日本の経常収支黒字を何か重商主義的な発想でいいことだと思っている人もいますけれども、それが意味しているのは、貯蓄を自分の国で使いきれない、投資機会の乏しい、ビジネスをやるのには適していない国がいまの日本だということなのです。それをビジネスをやるのに適した国に変えていくか、それとももう貯蓄ができないぐらい貧しくなるかのいずれかをいま迫られているわけです。この構造調整は相当大きい問題です。

三〇年間そういう課題に直面してきていながら、解決できなかったわけで、三〇年間できなかったことがこれから数年でできるとは、正直に言って思えない。だから、私はここのところ、二〇一〇年代は「質素で退屈で憂鬱な低成長の時代」になるんじゃないかという予想をしています。あるインタビューで、ついそう口走ってしまった（笑い）。

短期の問題に目を奪われるな

池田◆日本の問題の方がある意味でもっと深刻なのは、そこに問題があるという認識がほとんどないと思うんですよ。そういう問題があるというと、すぐ「デフレのときに構造改革をやったら景気はもっと悪くなる」という反論が来る。じゃあ景気がよくなってからリストラをやる社長がいるのか。そういうことを言って先延ばししてきたから、こうなっているわけです。こういうときにやらないと、景気がよくなったらまた忘れちゃう。

池尾◆産業構造を変えていく努力をしなきゃいけないという基本認識を持つかどうかだと思います。産業構造を変えていかなきゃいけないという認識に立ったとき、その進捗の速度を景気とかを考えながら、速めたり、遅らせたりするぐらいは当然すべきというか、やっていいとは思います。ところが、そういう認識がないまま場当たり的に、いまは景気が悪いから景気をよくすればいいとか、非常に近視眼的な判断の積み重ねで政策を実施するのは、大変に貧困な話だと言わざるを得ません。

短期的な最適化の積み重ねが長期的に見て全然最適化にならないことは、往々にしてあります。インターテンポラルなリンケージ（時間を通じたつながり）がまったくなければ、一期ごとに最適化していくのが長い期間、全体を通じた最適解になるけれども、何らかの要素でインターテンポラルなリンケージが発生している場合には、一期一期の最適化を図ると、実は長期的にみて最適な状態から乖離してしまいます。だから、長期的な最適化を考えた上で、進捗状況をこういう経済環境だからちょっと遅らせましょうとか、いまはいいチャンスだから加速化させましょうとか、そういう議論をしてほしいと思います。

池田◆政策当局の側の目で見ると、短期の対策と長期の対策って必ずしも両立しないことがあるわけです。短期的に政府が需要を追加するための公共事業が、長期的に見るとかえって構造調整を遅らせるといったトレードオフがある。だから、まず短期と長期の政策目標にトレードオフがあることを認識して、その上でどちらを選ぶかという議論をしなければいけないのに、とにかく景気が悪くなったら反射的に需要拡大ばかりで、霞が関も永田町もそれ一色になる。

そういう意味で言うと、小泉政権が例外的で、長期的な構造改革ということを建前としては掲げたわけです。それが結果的にどこまでやれたか分からないけれど、一定の国民の支持を得た。私はあそこで日本の政治も少しは進歩するのかなと思ったら、最近は元に戻って九〇年代みたいな話になっていますよね。

金融理論の言葉でいうと、クヌート・ヴィクセルの自然利子率というのがあります。自然成長率というのは少し違う意味ですけど、今そういう定常状態にあるのだったら、成長率を高めることが重要です。しかし現状が自然率から乖離しているときは、その自然率に近づける政策が必要だというのが、最近の金融理論の考え方ですね。

池尾◈水準の問題と振れの問題を区別すべきだということです。経済状況が悪いと言っても、本来の水準そのものが低下しているのか、本来の水準はもうちょっと高いのだけれども、振れの問題として下振れしてそういう状態になっているのかで意味がまったく違います。

この点で、フリードマンの自然失業率という概念はすごく大切です。現実の失業率が五%だとします。すると、日本の感覚では、失業者が増えて非常に深刻ということになります。でも、失業率が五%だとしても、そのとき自然失業率が何%なのかを抜きにしては、実は話は前には進まない。

失業率が五%のとき、自然失業率が二%なら下振れしているわけです。景気刺激策、需要喚起策を取って、五%を本来の二%に引き下げるようにするのが適切だということになります。ところが、失業率は五%だが、自然失業率も五%というときには、需要喚起策という話にはなり得ません。後者の場合には、自然失業率そのものを下げる努力をしなければいけないということになります。それは労働市場改革の話になります。

このように、同じ五%の失業率であっても、その対策として需要喚起策を取るべきか、労働市場改革を取るべきかは、自然失業率が何%かを踏まえないと判断できません。にもかかわらず、日本の場合、失業率が五%だといつも需要喚起策の声が強くなるような傾向があります。要するに、ケインジアンなんですね。半世紀前のケインズ的発想の虜になっていて、そこから自由な発想ができなくなっている。

この一〇年間で金融政策に関して、世界では新たなコンセンサスが成り立っていますが、それは非常にヴィクセリアン的なのです。もっとも、今回の危機でまたちょっと怪しくなっているところはありますけれど、いまの主流の考え方はニュー・ヴィクセリアンです。ニュー・ヴィクセリアン的な視点からすると、日本の場合は、自然率そのものが劣化しているという側面がすごく強いと言えます。

需要不足の原因は何か

池田◆最近またケインズが復活して、ゼロ金利がだめだったら通貨供給を増やせ、とにかく需要を押し上げることはすべていいのだという発想になっているけど、それは自然率と比べて今の水準はどうなのかということを全然チェックしないで議論していると思うのです。

池尾◆昔リフレ派の某氏に、お前は需要不足を認めないのかと言われて、とっさに何のことか分からなかったことがあります。後でよく考えると、需要不足を認めること、イコール、財政出動や金融緩和による需要喚起策の採用に賛成することだというのが、その某氏の前提になっていたようです。それで、私が需要喚起策（とくにインフレ目標政策）の採用に賛成していなかったので、そのような質問をしたようでした。

しかし、その某氏の前提は、喩えて言えば、発熱の症状があったら常に解熱剤を処方するのが正しいと言っているようなもので、正しくはありません。単なる風邪で発熱しているのなら、解熱剤を飲めばいいでしょうが、もっと別の原因で発熱しているのであれば、別の処方をしなければならない可能性があります。

不況は、現象的には常に需要不足です。そんなことは当たり前だと思っていたから、逆に質問の趣旨が私には分からなかった（笑い）。病気になると熱が出るのが当然のように、あらゆる不況は現象的には需要不足です。だからといって解熱剤を処方するのが常に正しい政策だというのは、短絡的なものの見方にすぎません。むしろ、何か大きな疾患を抱えていて、それゆえ熱が出ている人間に解熱剤だけを処方するのは、正しいどころじゃなくて、間違った政策になってしまう危険が大きい。

私は、日本経済は風邪をひいているだけではなくて、もっと深刻な体質改善を必要とするような疾患を抱えているという見方をしています。その疾患というのは、要するに投資機会不足病とでも言うべきものです。国内の貯蓄を国内での投資に使い切るだけの投資機会が不足しているために、貯蓄超過になって経常収支が黒字になっています。

それゆえ、今回の需要不足を解決するためにも、財政出動や金融緩和による需要喚起といった解熱剤を処方するのではなくて、投資機会をいかにして増やすかを考えることの方が重要だと思っています。必ずしも国内に限定するわけではなく、北米市場への依存を下げるという意味ではアジアとかでもいいですけれども、とにかく日本の貯蓄を投資に向けるための投資機会をいかに拡大するか、創出するかを優先的に考える必要があります。

それに成功すれば、結果として投資は増えるはずです。したがって、需要も確かに増えて、それで需要不足が解消されて景気はよくなるということになります。しかし、これは、投資機会の拡大につながるような構造改革を進めるべきだというタイプの話になりますから、需要不足だからマクロ経済政策で需要を付けるのが解決策だという類の議論とはずいぶん違うわけです。

例えば、不況で需要不足のはずの日本で、供給の不足が問題となっている分野があります。その典型は、医療の分野です。日本の医療においては医師や看護師、そして病床の不足が問題となっており、そのために適切な医療サービスが迅速に受けられずに、人命が失われるといった事故も起きています。財やサービスの供給が不足し、人々がそれらを求めて行列をつくっているというのは、社会主義、計画経済の下での話のはずで、資本主義、市場経済の下での出来事とは思えません。

実際、日本の医療分野は、その大方が計画経済下にあるということです。こうした医療分野にもう少し市場原理を導入するような構造改革は、潜在的な需要を顕在化させることにつながる需要喚起的な構造改革だと言えます。

経済を実力通りの姿にもっていく（振れの縮小）のが、金融政策とかの役割です。しかし、経済の実力そのもの（水準）を向上させるのは、構造改革の課題です。水準の向上を金融政策に期待するのは、政策の割り当てとして間違っています。

第7講

日本の経験とその教訓

―われわれは何を知っているのか―

池田◆最後の第7講は日本の話に戻って、なるべく具体的に議論したいと思います。まず、日本は一九九〇年代に金融危機を経験したので、今回のこの問題について世界にいろいろ教えることができると言う人がいます。金融サミットで教えようとした首相もいるわけですけれど、池尾さんは何か教えることがあると思いますか。

池尾◆バブルが発生して崩壊したという点で確かに共通性があるし、それを先に経験しているという意味では先達かもしれませんが、その下でバブルの生成と崩壊が起きた、金融システムのあり方が全然違うことは、繰り返し指摘した通りです。

日本の場合は比較的後進的な金融システムの下でバブル崩壊が起きたのに対して、アメリカでは最先端の金融システムの下で起きました。日本が先に経験しているから何か世界に対してメッセージを発信できる、日本の教訓を伝えられると言っている人がいますが、後進的な金融システムの下での経験しかない人が、最先端の金融システムの下で問題を抱えた人に、どれだけのことを教えられるか疑問だと思います。

それ以上に、実は日本人自身が一九九〇年代の経験を本当の意味で総括できていない。経験したから分かっているような気がしているだけで、本当の意味で総括して教訓化し得ていないと思います。だから、この第7講では改めて実体経済と金融システムの両面から、日本の経験を振り返ってみたい。

その1

「失われた一〇年」の原因

景気循環か潜在成長率の低下か

池田◆九〇年代の長期不況を考えるとき、基本的な考え方の違いとして、それを景気循環と考えるか、潜在成長率の低下と考えるかという問題があります。どっちをとるかによって、取るべき政策もまったく違ってきます。

池尾◆その問題を整理するために、簡単な図を描きます。横軸が時間、縦軸は対数目盛りで測ったGDPを示すものとします。林＝プレスコットの議論（**文献12**）によると、日本経済は当初ある均衡成長経路（**図5(a)**の左側の太線）の上にいたのが、新しい均衡成長経路（**図5(a)**の右側の太線）に移らなきゃいけないような変化が起きた。新しい均衡成長経路が下に落ちている原因は、時短をしたからだと説明されます。

一九八〇年と二〇〇〇年で比べると、日本の年間労働時間が一割程度減っているのは事実です。一九八〇年代後半に日本人は働きすぎだということで、政策的に労働時間を短くする改革がいくつか実施されました。週休二日制もそのときに導入され、いまでは当たり前になっているけれども、それ以前は土曜日は半日働いていました。中小企業では週休二日制の導入は無理だと言われていましたが、瞬く間に週休二日が当たり前になりました。

最近では、週休二日制が見直されて土曜日に授業をするように変わってきていたりもしますが、学校も全部週休二日になった。それから祝日が増え、振替休日で必ず休むようになりました。そうしたことの結果、公式統計によると年間労働時間がそれ以前に比べて一割ぐらいは減りました。労働投入量が減れば、均衡成長経路のレベルは落ちます。

対数目盛で測っていると、傾きが成長率を表すことになります。新しい均衡成長経路の傾きが小さくなっているのは、生産性の伸び率が低下したということを示しています。何らかの理由で生産性の上昇するテンポが落ち

図5(a)　日本の「失われた10年」の原因

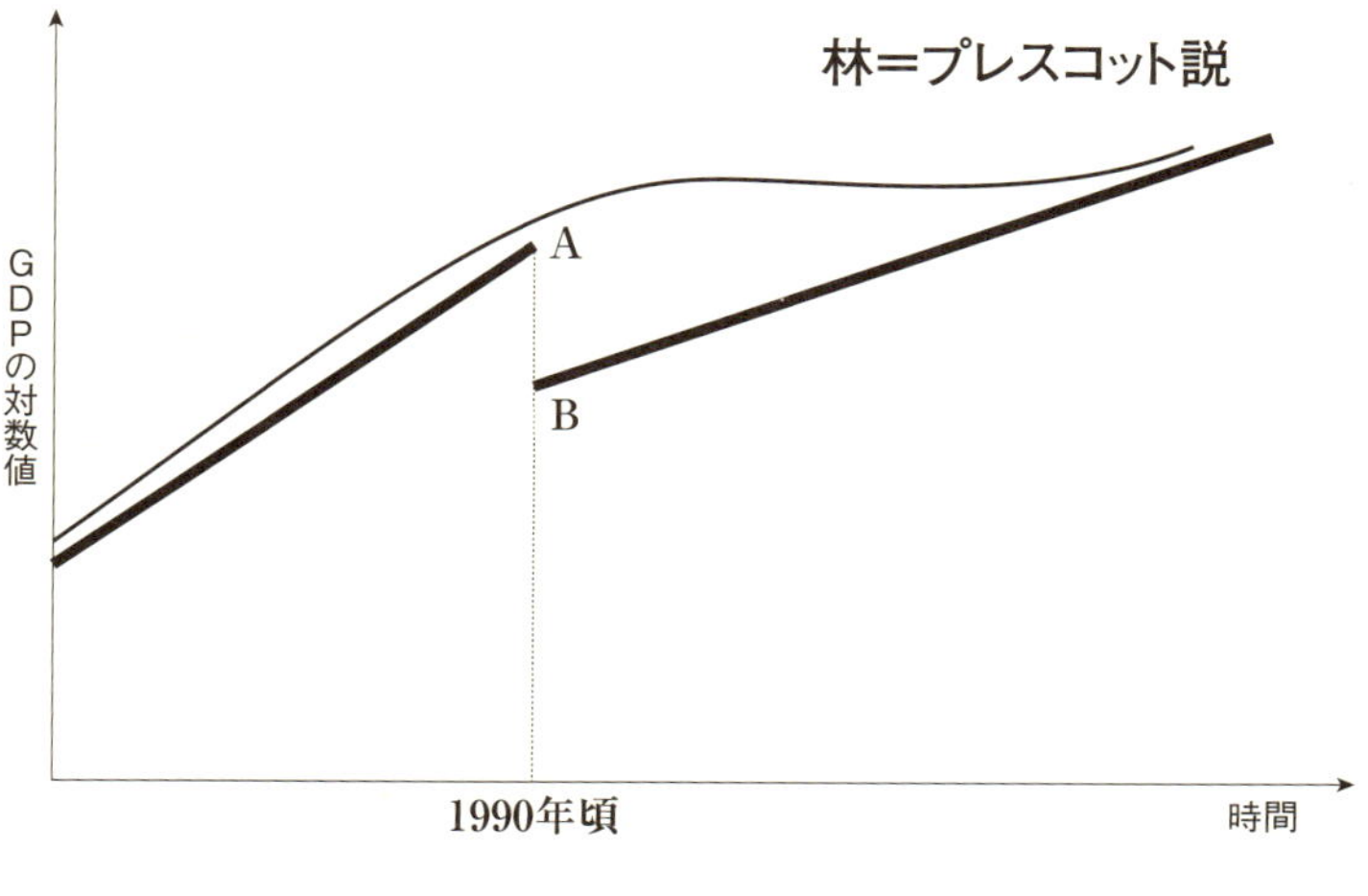

たということです。
ある均衡成長経路にあった経済が、次の別の均衡経路に移るときには、図のような移行経路（細い実線）をたどらざるを得ない。与件が変わって均衡成長経路が変化したといっても、一挙に新しい均衡成長経路へジャンプするわけにはいかないので、現実の経済の動きとしては、図のような移行経路をたどっていかざるを得ない。
すると、この場合には、前の均衡成長経路から新しい均衡成長経路に移る過渡期は、ほとんどゼロ成長のプロセスをとることになります。この移行プロセスが「ロストディケード」（失われた一〇年）であるというのが、林＝プレスコットの説明です。

池田◆池尾さんも、林＝プレスコットとまったく同意見ですか。

池尾◆実は私個人は、林＝プレスコットと少し違う見方をしています。日本経済の均衡成長経路は一九八〇年ぐらいからずっと傾きの緩やかなものであった。それが、何かの間違いで一九八〇年代後半に、現実の経済の動きがその均衡成長経路から上方に乖離した。そして、乖離したことに、突然、気が付くわけです（笑い）。高成長率の経路を想定して資本蓄積をやってきたけれども、それは実力とは違うということに気が付いて、そこから元の本来の水準に戻る調整過程をたどるようになった。その調整過程がロストディケードだというのが私の理解です（図5(b)を参照）。

日本経済の均衡成長経路から上方への乖離によって、過剰蓄積（オーバーアキュムレーション）が起きた。その結果が、いわゆる三つの過剰（過剰設備、過剰雇用、過剰債務）ということになります。本来の実力のままで行っていたら、そんなことにならなかったのが、一時的に上方に乖離したことの反動として、元の経路に戻るまでに一〇年ぐらい、ほとんどゼロ成長の経路をたどらざるを得なかったという理解です。

しかし、ここではより権威である林＝プレスコット説に基づいて考えることにしましょう。労働投入量の減少とＴＦＰ（全要素生産性）上昇率の低下を与件とすれば、標準的な新古典派成長モデルを使って、日本経済の九〇年代の「失われた一〇年」——ほとんどゼロ％成長の経路をたどったこと——の説明が

図5(b)　日本の「失われた10年」の原因

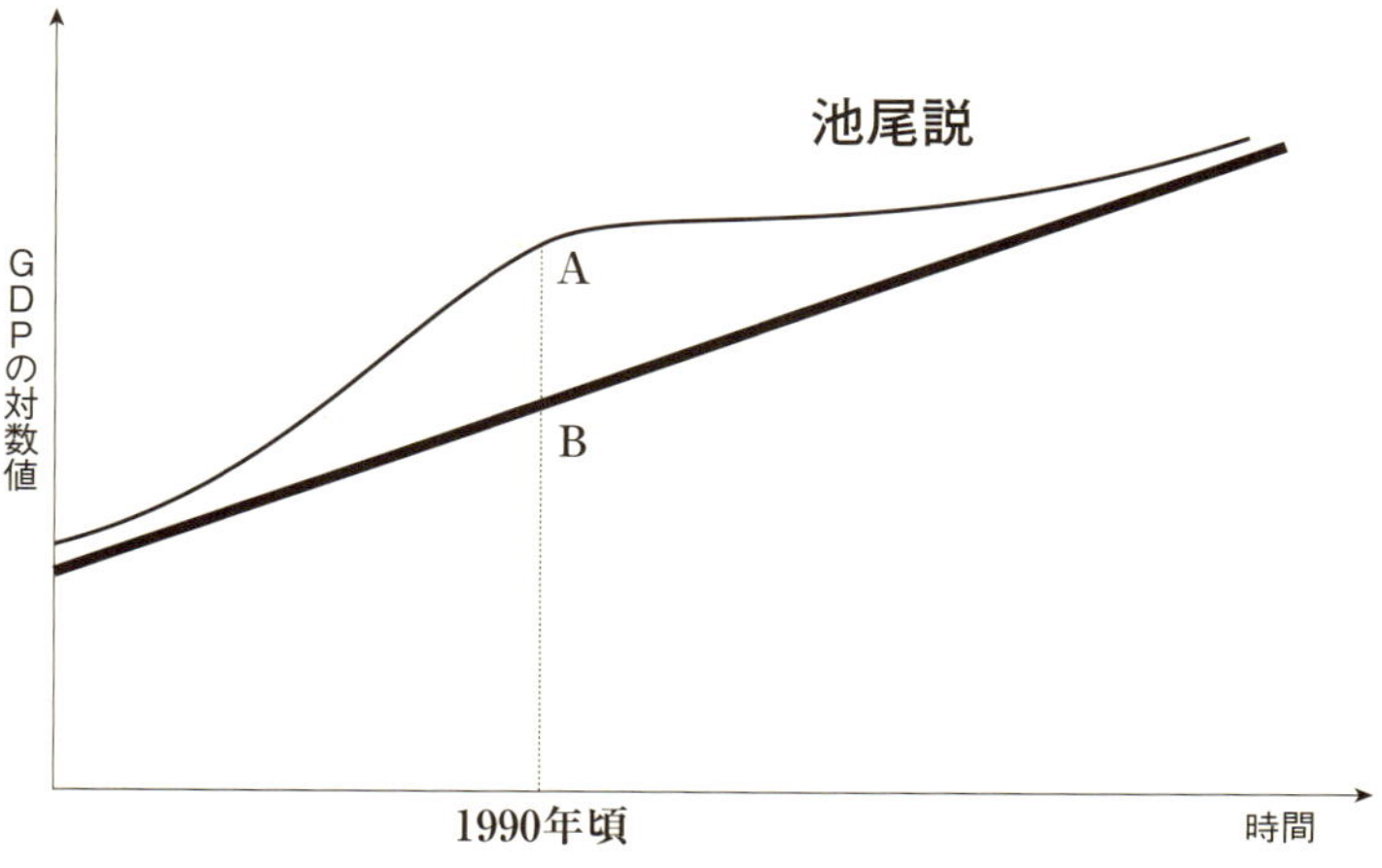

つくというわけです。ただし、「失われた一〇年」の原因が時短とTFP上昇率の低下だとすると、時短は政策によるものだとしても、TFP上昇率の低下をもたらしたのは何かという議論が必要になります。何が生産性上昇率を低下させたのかが、より本質的に問われるべき問題だということになります。

それで、生産性上昇率の低下が起きた原因については、いろいろと研究がありますが、個々の産業ごとの生産性上昇率には顕著な変化は起きていないという議論があります。どうも個別産業については、一九九〇年を境にしてTFP上昇率の低下が起きているわけではないらしい。にもかかわらず、マクロで見ると一九九〇年を境にTFPの上昇率が下方に屈折している。すると、論理的には、産業構成、産業のウエイトが変わり、しかもTFPの伸び率の低い産業のウエイトが増大したという変化が起きたということになります。

生産性上昇率の低い産業がウエイトを増大させるというのは、本来の市場メカニズムでは起こらないことのはずです。本来の市場メカニズムでは効率のいいものが生き残って、効率の悪いものは規模を縮小するはずです。ところが、九〇年代の日本においては、効率の悪いものが規模を拡大し、効率のいいものが規模を縮小したということが起きたのではないかという話になるわけです。

そういうことを引き起こしたのは、総合経済対策という名前で行われた一九九〇年代の裁量的な景気刺激策、財政出動が大きな原因の一つとして考えられます。要するに、公共事業を積み増し、建設業を雇用の受け皿にしたわけです。建設業というのは、TFPの上昇率の低い方の産業なわけです。建設業のウエイトが経済対策の結果として高まったことが、マクロで見たＴＦＰの下落を招いた一つの原因だと思われます。

もう一つの原因は、銀行の追い貸しです。一九九〇年代に銀行貸し出しは全体として絞られ、貸し渋りが起きていると言われました。ところが、その中で九〇年代終わりまで、貸し出し額が増えている産業があります。不動産、建設、ノンバンクといった業種です。これはたぶん、追い貸しをしたのだろうと思われます。

追い貸しの結果、本当は淘汰されるべき産業が生き延びた。全体として非効率な産業のウエイトが高まって、効率的な産業のウエイトが低下するという、本来の市場メカニズムとは逆の結果がもたらされた。追い貸しによって、いわゆるゾンビ企業を生き延びさせるようなことをしたから、日本経済全体としてのマクロでみた生産性上昇率というのが、伸び悩むことになったのだという話です。

金融緩和の不足が問題か

池田◆他方で、九〇年代のデフレ不況の原因としてよく出てくる議論として、「輸入デフレ論」というのがあります。中国などから安いものが入ってきたから、デフレが起きるのだという。要するに、国内的要因より海外要因によるものが大きいのだという議論がありますね。

池尾◆そういう見解に対して、中国からの輸入の割合は大したことはない、それではデフレは説明がつかないと、いわゆるリフレ派の人は反論します。しかし、そうした反論は、中国からの輸入の可能性が脅威となって、国内市場向けの製造業が製品値上げをできないというコンテスタビリティー理論的な側面を無視していると思います。中国から入ってきた分だけを基準にして計算すると、その割合は確かに小さいかもしれない。しかし、中小企業が中心の国内製造業には値上げすると中国製品に代替されてしまうという潜在的圧力がかかっている。だから国内の中小企業は値上げできない。そういう効果まで考えると、海外要因の影響は無視しがたいものです。

池田◆しかし日本政府の取った政策は、巨額の財政出動で総需要を増やすケインズ政策でした。また、いわゆるリフレ派の人々は、日銀がもっと激しく金融緩和をやれば不況から脱却できると主張しました。

池尾◆そういう議論とは違った説明として、林＝プレスコット説を紹介したわけです。林＝プレスコットのモデルは、リアルなモデルです。労働投入量の減少とＴＦＰ増加率の低下を外生的なデータとして入れれば「失われた一〇年」の説明がつくと言っているわけですから、マネタリーな要因が決定的な役割を果たしたということは、少なくとも林＝プレスコット的なモデルの中からは出てきません。

池田◆林さんは長期的な均衡状態そのものが変わったという考え方ですが、それに対してリフレ派の人々は、日本経済はもっと実力が高いと考えていて、日銀がだめだから景気が悪くなっているので、金融緩和さえすれば日本経済は成長すると思っている。これは基本的なスタンスの違いで、これからも論争が再燃する可能性が強い。

池尾◆成長経路の傾きを決めている要因、生産性上昇率は内生変数だから変化します。バブルによって上方に乖離していた経済が本来の成長経路へ戻る。その際、もともとの均衡成長経路であれば短くて調整が済んだものが、金融政策が悪かったりしたことによってＴＦＰ上昇率がさらに下がり、その結果、均衡成長経路そのものが下方に屈折してしまった。だから、非常に長引いた深刻な停滞を経験することになった。すなわち、均衡成長経路自体が内生的に押し下げられるようなことが、経済政策の失敗の結果として起きたという捉え方は、論理的にはあり得ると思います。

池田◆いやリフレ派が言っているのはもっと単純なことで、日銀のせいで成長率が下方に乖離したので、金融政策で元に戻ると思っている。暗黙に潜在成長率は本来はもっと高いと想定しているとしか考えられないわけです。彼らには長期のモデルがないから、そこのところがよく分からないのだけど。

池尾◆結局のところ、一九九〇年代の長期停滞を規模の大きな景気循環ととらえるか、ある種の歴史的な構造転換が起きたというふうに見るかという違いがあります。彼らは、そういう大きな意味の変化とかは想定外という感じですね。

一九九〇年という年を日本人はバブル崩壊の年として記憶していますが、世界的には、一九九〇年は冷戦終結の年なわけです。一九八九年にベルリンの壁が崩壊し、一九九一年にソ連邦が崩壊します。冷戦体制が崩れたわけです。冷戦体制下と冷戦体制崩壊後の日本経済は、取り巻く国際環境がまるで違うし、置かれるポジションが大きく変わりました。冷戦から一番恩恵を受けていたのは日本経済だという面があって、冷戦以降はその恩恵が失われた。そこに、ＩＴの進展といった変化が加わるわけです。それだけのことがそろっているから、そこで大きな歴史の転換点を経過しているとみなせる。その変化後の環境に日本経済が十分に適応できなくて、潜在成長能力が毀損されたということでしょう。

池田◆こういうとき供給サイドと需要サイドという言い方がよくあります。いまの池尾さんのような話は供給サイドの話で、問題は需要不足なんだから、生産性を上げて供給を増やしたら悪化するという。

池尾◆例えば、衰退産業というは需要不足なのです（笑い）。需要が少なくなって、衰退していくわけですから、問題は需要不足だといえます。しかし、そうした衰退産業の設備が一〇〇％稼働するように需要を付けるという政策が正しいというのでしょうか。

また、労働生産性が低ければ低いほど、同じものを作るのに多くの人手を要します。それゆえ、雇用確保だけが目的だったら、できるだけ労働生産性は低い方がいい。でも、そういう話はまじめに考えたらおかしいと分かるはずです。一人当たりの労働生産性が、究極のところで経済的な厚生を決める要因です。雇用を確保するために労働生産性が低い方が本当にいいのかということです。

池田◆需要不足という議論に対して、林＝プレスコットが、「失われた一〇年」はそういう短期の問題ではなく、長期の成長率低下だと指摘したことは基本的に正しいと思いますが、九〇年代になぜ成長率が低下したのかという説明が弱い。時短というのは無理があります。日本の企業では残業時間は景気の従属変数だから、因果関係は逆かもしれない。

また彼らのモデルは一部門なので、生産性が低下した原因がよく分からない。池尾さんの話のように、部門ごとに分けて考える必要があります。私も、競争力の強い輸出産業と競争力の弱い国内の非製造業の生産性格差が拡大していることが日本経済の最大の問題だと思います。

それに対して、リフレ派の人は「構造改革も大事だが、まずデフレを止めよ」と言う。短期的な需要不足を解消して定常成長経路に乗せ、成長率を上げるための構造改革は、その後でやればいいというのが彼らの議論ですね。

池尾◆もしそうだとしたら、それはマクロとミクロの経済学が別の原理でやられていたサミュエルソンの頃の新古典派総合の発想で、完全雇用に達するまではケインズ経済学、完全雇用に達したら価格メカニズムで資源配分という考え方です。しかし、この一〇年、二〇年の経済学の進歩によって、そういう考え方は間違いだとされるようになったと理解しています。いまさら新古典総合のような議論をされても……という感じですね。

■大恐慌は再来するか

池田◆もう一つ竹森俊平さんが『経済論戦は甦る』（東洋経済新報社、日経ビジネス人文庫）というベストセラーで、不況のときは創造的破壊もできないという。彼があそこで引用しているキャバレロ＝ハマーの論文を読んでみたのだけれど、そんなことは書いてない。彼らも創造的破壊が大事だと言っている。ただ、大恐慌みたいな大きく均衡から外れたときには、あんまり創造的破壊は起きていないかもしれないぐらいの話です。

ところが竹森さんは、不況のときには資金調達ができなくて起業できないのだから、創造的破壊もできないという結論を出す。これは間違っています。私の専門分野でいうと、マイクロソフト、インテル、シスコなどの新しい企業が育ったのは、一九八〇年代のアメリカ経済が一番苦しい時期だった。ＩＢＭを破壊することによって、彼らの創造は可能になったのです。

池尾◆通常の景気循環のプロセスにおける不況期と大恐慌を、ひとくくりにして議論するのは乱暴ですね。大恐慌のようなときにリストラしようというのは、私も正しくない可能性が高いと思いますが、通常の不況期には、確かに苦境をもたらすような側面もあるけれども、生産性の低い企業が淘汰されて経済体質が強化されるという面もあります。不況のすべてが悪いわけではなくて、不況があるがゆえに、ある種の経済の活力が維持されているというメカニズムがあります。それを否定するのは無理があります。大恐慌期にリストラをやるべきじゃないからといって、通常の不況においても体質改善的な政策を取るのは間違っていると言うのは、レベルの違う話を混同している。

池田◆そのレトリックをリフレ派の人々がよく使う。岩田規久男さんたちの書いた『昭和恐慌の研究』（東洋経済新報社）という本は、学術研究としてはともかく、一九三〇年代の話に混じって九〇年代以降の話が出てきて、構造改革は清算主義だと言う。しかし、これは大恐慌についての研究の積み重ねを無視していると思います。

大恐慌がケインズ的な総需要の不足によって起きたという理解は、今日ではほとんど支持されていません。フリードマン＝シュワルツは、ＦＥＤが一九三三年まで通貨供給を極端に絞って銀行破綻の連鎖を招いたことが主な原因だと指摘しました。大恐慌のとき、フーバー政権のメロン財務長官は「すべての資産を清算せよ」という清算主義をとなえましたが、今そんな政策を実行している中央銀行はありません。構造改革を清算主義と呼ぶのは、問題をすり替えています。

池尾◈名著『大恐慌のアメリカ』（岩波新書）で知られる林敏彦教授は、「膨大な専門的研究の結果今日知られているところでは、基本的に一九三〇年代の大恐慌は、はじめ通常の循環的不況として始まった米国経済が、三次にわたる銀行の連鎖倒産と取り付け騒ぎによる一部の銀行休業宣言で金融システムが完全に機能を停止したことでその回復が長引き、ＦＲＢの未熟さと連邦政府の経済政策の限界がさらに回復の重しとなったと理解されている[注]」と書かれています。専門家の見解は、こうしたものだと私も認識しています。

現代の中央銀行は、こうした教訓を学んでいますから、同じような形で失敗を繰り返すことはないと考えます。事実、金融システムの安定を確保することの重要性は、ことあるごとに日本銀行も強調しています。それにアメリカの大恐慌のみならず、昭和恐慌についてもそうですが、金本位制を守ろうとしていた時代の話と管理通貨制度の下にある現代の相違点をはっきりさせておくことが必要です。現代では、中央銀行はいくらでも流動性を供給することができますし、金地金の海外流出を恐れる必要もありません。こうした相違点を踏まえることなく、「大恐慌が再来する、昭和恐慌が再来する」というのは、ためにする議論以外のなにものでもないと思います。

その２
「失われた一〇年」の教訓
■――バブルの発生は防げたか

池田◆『バブルへＧＯ!!』という広末涼子が主役の映画があります。どこでバブルが起きたかというのを追求して、そこにタイムトラベルするという設定で、これは結構おもしろい問題です。基本的にはバブルのときはよかったねという話になっていて、それがあるとき大蔵省の総量規制で暗転する。

バブルとその崩壊という二つの問題があったとして、まずバブルが起こらなかったら一番よかったんでしょうけど、起こさないことはできたでしょうか。まず第一に考えられるのは、一九八五年のプラザ合意の後、いわゆる円高不況になって、大蔵省が財政再建路線をとったので、すべて金融政策でやらなきゃいけなくて、異常な金融緩和が続いちゃったということがあります。

池尾◆きわめて拡張的な金融政策を長期間にわたって持続したというのが、バブル発生の背景に

注：日本経済新聞「経済教室――金融危機と世界　行方を探る１」二〇〇八年一〇月一〇日朝刊。

なっているということは確かだと思います。ただ、超緩和政策を長期にわたり続ければ、いつもバブルになるかというとそうではない。それは一九九〇年代の日本を考えればいいわけです(笑い)。それこそ超緩和政策を長期にわたって続けたにもかかわらず、バブルになるどころかデフレからの脱却もままならなかった。

要するに、いくつかの要素がそろわないとバブルは起こらない。バブルが起きるには、新時代シンドロームのようなものが必要なわけです。これまでとは違う時代になった、だから、こうこうなるのだというストーリー(もっともらしい物語)が不可欠です。

日本のバブルの場合、日本もこれから経済大国になる、日本人もこれまでより一段高いレベルの生活をエンジョイするようになると言われました。レジャーを楽しむことになるからリゾート開発が必要で、東京は国際金融センターになるからオフィスビルをもっと造らなきゃいけないといったストーリーがつくられました。それから二一世紀は日本の時代、ジャパン・アズ・ナンバーワンという褒め殺しもありました。

そういう中で、日本の土地価格は上昇せざるを得ないというストーリーを多くの人々が共有するようになったわけです。理論的に成り立つかどうかではなく、みんなが何となくそれっぽいと思うようなストーリーが普及していくことが重要です。それで、ユーフォリアという表現をしたりしますが、みんなの気持ちが大きくなって火のついた状態のところに、緩和的な金融政策がエネルギーというか油を供給して燃え上がった。油を供給しても、火元がないと燃え上がらないわけです。

逆に、火元があっても、油を供給しなければ燃え上がらなかったという話はあります。一九八〇年代後半は、アメリカとの経済摩擦を回避するために経常収支の黒字を減らすことが経済政策の大テーマでした。その中で、一方で財政再建をやるということで、金融政策に負荷がかかった内需振興策をやりました。それをやらなければ、そんなに燃え上がらなかったかもしれませんが、対米摩擦はすごく激化していたかもしれない。やらなかったら平穏無事だったかと言われても、そこは歴史のイフ（ｉｆ）で何とも言いようがない。

池田◆ただ単純なユーフォリアだったかというと、私は必ずしもそうも言えないと思っています。というのは、同時代にそういうのを正当化する識者の意見をいろいろ聞いたから（笑い）。典型的なのは政策構想フォーラムという経済学者のグループが、日本は「ストック経済」であり、東京の地価はこんなに高いのだから家賃ももっと上がるのが当然だという提言をしました。

池尾◆時代のストーリーがどこから生まれてくるのか分からないけれども、バブルが起こるときには必ず時代のストーリーがあります。日本の場合は池田さんがおっしゃったような話で、とにかく日本の土地価格は上昇する必然性があるというストーリーが生まれて共有されたということです。

■経済学の限界

池田◆それは経済学がいかに未完成な学問かということの一つの表れでもあります。東京の土地が家賃水準からはとても正当化できないような値段になっているのに、その地価が何で維持可能なのかということを誰も説明できない。むしろ逆に実勢価格にさや寄せするような話が出てくる。バブル期の株価を**qレシオ**で正当化する話もありました。これも算定基準がバブルで膨張した地価になっていたから、不動産を持つ企業の株価はまだ低いという計算になって、証券会社がもてはやした。

池尾◆経済学では、将来キャッシュフローを割り引いて現在価値に直して合計したものが資産価格になると考えます。いわゆるＤＣＦ法です。ＤＣＦ法で計算すると、株価も地価も、現実のマーケットプライスから乖離した低い数字しか出てこなかった。経済学は実証科学だから、理論と現実が違っているとき、現実が間違っているとは言えません。

ところが、いまとなっては現実が間違っていた（笑い）というか、ファンダメンタル価値よりも明らかに乖離した、そういう意味でのバブル的な価格形成が行われていたわけです。そういうことは、後知恵でははっきり言えます。

しかし、現実の資産価格が理論価格と食い違ったとき、実証科学としての経済学では、理論価格の方が正しくて現実の価格は間違っているとはなかなか言えない。逆に、理論は現実を説明しなきゃいけないから、どうにかして現実を説明しようと努力をすることになります。当時はその違いをバブルとして説明しようという発想は残念ながらありませんでした。バブルを経験したことがなかったから、当時の経済学ではそういう議論ができなかった。こうした限界が、当時の経済学にあったことは事実だと思います。

池田◆バブルという言葉が新聞記事に登場するのは一九九一年からです。一九八〇年代にはバブルという言葉さえ使われない。地価が高すぎると言っていたのは、野口悠紀雄さんと長谷川徳之輔さんぐらいだけど、彼らもバブルという言葉は使っていない。

池尾◆ストック経済は、日本にとっては初めての経験なわけです。戦前はストックを少し持っていたかもしれないけれど、そのストックは敗戦とともにすべて失いました。それ以降、日本経済はフロー経済でしかなかった。だから日々の所得が経済活動のすべてだった。それが一九八五年のプラザ合意で円の評価が一気に高まります。その前後で円建てでは資産額は変わらないが、ドル表示では資産規模が大きくなりました。それで資産大国という認識が生まれるわけです。

それまではフローの所得しかなかったのが、初めてストックを持つようになった。それでストックがキーワードになっていったわけです。ＧＤＰと同額、あるいはバブルが進行してＧＤＰの二倍近くの資産を持ったために、春闘で頑張ってベースアップで一〇〇円上げてもらうよりも、金融資産の運用リターンを一％上げる方が所得が増えるという議論になっていきます。

池田◈ストックをいかに効率的に運用するかということを真剣に考えなきゃいけないことは正しかったんだけど、そのストックの価格はどうやって決まるのかということについて地に足の着いた議論をしないで、膨張した資産価格を前提にして議論したことが間違いだと思うんですね。

池尾◈いまから考えればおっしゃる通りです。経験していろいろ学んだ後なら、もっと冷静というか適切な判断ができたでしょう。でも未経験で、何か有頂天になった面はあります。だから、バブルが起きた。

■──バブル崩壊後の対応

池田◈やはりバブルを未然に防げたかというと、私は難しかったと思います。池尾さんもたぶん結論としては同じですよね。問題はそのつぶし方だと思うのです。まず一つは、ちょっと急激にやりすぎたんじゃないかという意見についてはどうでしょう。

池尾◆いまの時点の経験を持っていれば、バブル崩壊後は、思い切って流動性を供給することによってその影響を緩和するということになります。

しかし、当時、金利を上げてバブルをつぶした三重野康日銀総裁は「平成の鬼平」と持ち上げられ、世論はその政策を支持しました。バブルを生み出したことで、金融当局は失敗したわけです。一回失敗した金融当局が、世論に反して金融緩和をすることが政治経済学的に可能だったかというと、難しかったと思います。

現在の高みから過去を断罪するような話をするのであれば、一九九〇年代初頭にもっと緩和政策を取っておけば、ショックがもう少し弱くて済んだはずだということになります。後知恵としては、私もそうだと思います。だけど、実際にそうできたかというと難しかったのではないか。その時点でそうすべきだと言っていた日本人が何人いたでしょうか。

池田◆一九三〇年代のフーバー大統領をみんなばかにするけど、あれだって心理的には同じだったと思うのです。バブルで滅茶苦茶儲けていたやつが損しただけなのだから、それを救済するのはけしからんという話になるのは、心理的には当然です。今回だってアメリカの下院が金融安定化法案を一回は否決しました。

一九九〇年当時、私が政策担当者と議論すると、日銀はかなり早めにこれは危ないから金利を上げなきゃいけないと考えていた。それで一九八九年の五月から公定歩合を上げ始めたわけです。ところが橋本蔵相が一二月の利上げのときに「撤回させる」とか言ったぐらい、政治家がすごく抵抗した。最初は金利をいくら上げてもバブルがなかなか収まらなくて、日銀もバブルというのは相当手ごわいものだという意識を持っちゃったから、バブル崩壊局面になっても、バブルが再発するかもしれないと非常に慎重に見ていた。

私も当時、いろいろな識者の意見を聞いたのだけれど、印象に残っているのは、ある元日銀の大エコノミストが、一九九二年に「利下げをこれ以上すべきじゃない」と言うのです。どうしてですかときいたら、「次に上げるとき大変だ」と言う（銀行の貸出金利と逆ざやになる）。結果的にはその後一〇年近く、利上げなんかなかったのですが、日銀の頭の中には、これは循環的な不況で、すぐに利上げが必要な局面が来るという感覚があった。

池尾◆金利の上げ下げを考えると、下げるのは政治および世論の支持を得やすい。それに対して、上げるのは政治的、世論的な反発が起きやすく、そこに非対称性があります。だから、中央銀行家はできることなら下げたくない。下げると、いつかまた上げなきゃいけないし、上げるときには抵抗が大きいからです。それが中央銀行家の行動経済学的バイアスとしてあります。単なる心理的な問題だけでなく、政治的非対称性があるからそうなるわけです。

もっとも、一九九二年になると、金融システム不安ということが認識されるようになって、そこで潮目は変わります。一九九二年以降、金融システム不安というのがメインテーマになってくるわけです。

池田◆『バブルへＧＯ!!』の結論は、一九九〇年の大蔵省の総量規制が日本経済の大混乱の原因で、あれさえなければ日本経済は平穏無事でいられたんだということになっています。

池尾◆平穏無事ではいられなかっただろうけれども、総量規制がある意味でとどめを刺したことは事実です。後知恵で言えば、総量規制をやるのだったらもっと早いタイミングでやるべきだった。この調子ではいかないと、みんながバブルの崩壊におびえ始めたときに総量規制をやったから、とどめを刺すような形になりました。

また、技術的になるけれど、農林系金融機関が総量規制の対象から外されたということが、その後の不良債権問題をやっかいにするという負の遺産を残すことになりました。

その3

不良債権問題への政策的対応

——住専問題をめぐる混迷

池田◈三つ目は、一九九二年から一九九三年以降の不良債権処理です。一九九二年の後半ぐらいから不良債権という言葉が使われ始めた。私は一九九二年一一月に放送されたＮＨＫスペシャル「追跡・不良債権12兆円」という番組を作ったのですけど、それが世間に不良債権という言葉が認知された最初だった。

池尾◈一九九二年夏の時点では日経平均株価は下がっていたし、地価も株価に比べるとラグを持ってしか認識されないけれど、趨勢的に下がっていることがはっきりしてきていました。株価は一九八九年一二月がピークで、日経平均で三万八九一五円。それが一万四〇〇〇円くらいまで下がってきていました。二年たって地価も同様に下がっていると認識されるようになった。一九九二年夏以降は、分かっている人は不良債権問題を認識し始めていました。

ところが、戦前には経験があるものの、そこからだいぶ時間がたっていたから、実体験として不良債権問題を経験した人間は誰もいないと言っていい状況でした。だからイメージがわかなかったというか、そもそもどういう問題なのかが認識しにくかった。だけど、専門家と言ったらおかしいけれど、日本銀行や大蔵省銀行局は問題を認識した後は対応を考えていかなきゃいけないから、昭和恐慌当時の記録などを調べて勉強したようです。

経験した人がいなかったことの裏返しですけれど、ずいぶん長い間、いわゆる護送船団行政の下で銀行は倒産させないし、しないものだという、いわゆる銀行不倒神話があったので、銀行が倒れたときの備えを一切してきていませんでした。経験がなかっただけじゃなくて、それに対する備えも一切ないに等しい状況でした。

池田◆私の不良債権の番組では、野口悠紀雄さんがゲストで出演して、「銀行が倒産するのはやむを得ないので、預金者を保護すればいい」と言ったのです。そしたら経済部のデスクがあわてて「倒産」はやめてくれと言って、収録をやり直した。当時はまだ、銀行が倒産するというのは考えてはいけないことだったのです。

池尾◆個人的なことを言うと、私は一九八八年から一九八九年にアメリカに滞在していました。在外研究の長期派遣プログラムでアメリカに行ったわけです。別のことを勉強しようと思っていたのだけど、書店に行くとS&L（貯蓄貸付組合）の本が並んでいたし、みんなS&Lのことばっかり話していました。それで、S&Lのこともたまたま勉強したわけです。

日本に戻ってきて現状をみると、そのとき本で読んだのと実によく似たことが起きていた（笑い）。アメリカの場合、S＆L問題を先送りした結果、悲惨なことになりました。日本でも同じような調子で不良債権問題を先送りしようとしていると感じました。だから、先送りは良くない、金融機関を破綻させて預金者保護のために公的資金を使うべきだと、九〇年代初頭から発言してきた。そして現在に至っているわけです（笑い）。

池田◆確かに不良債権というのは抽象的な概念なので、理解が非常に難しい。そのとき幸か不幸か日住金（日本住宅金融）に関連した事件があった。三和銀行の秘密報告書が出てきて、「当社（日住金）は倒産状態だ」と書かれた衝撃的なものでした。一兆円の債務超過ですから、一九九二年一〇月に日住金が破綻していることは明らかだった。メインバンクが書いた秘密報告書が私のところまで漏れてくるのは、彼らとして世の中で周知の事実にしたいという意志があったと思います。

あの報告書では、最後に二案あがっています。一つは清算会社をつくって破綻処理する案で、もう一つはいままで通り先送りする。一応、形式上は二案に分けて、清算会社案を一生懸命、説明してある。だから報告書は明らかに破綻処理しようという案になっているのだけれど、それを一九九三年の二月に大蔵省がつぶした。そのとき、寺村銀行局長が農協系の元本を保証する密約を農水省と交わして、その後の大混乱の原因になるわけです。

一九九三年までをバブル崩壊の第一段階とすると、住専（住宅金融専門会社）問題が一番大きかった。住専は銀行じゃないから、普通の銀行行政からいっても、つぶしても問題はなかったはずです。しかも、三和銀行は母体行が不良債権を負担して農協系には元利を全部お返ししましょうという話をしていたのです。初期の段階では、銀行は自分の力でやろうとしていたのに、それを大蔵省がつぶした。間違いに間違いが重なったことは確かだけど、客観的にみて大蔵省に八割ぐらい責任があると思います。

一九九五年末の住専への六八五〇億円の公的資金投入が大変な政治問題になるわけですが、あれは起こるべくして起こった。九三年に密約とか滅茶苦茶やっていたので、あれ以外の処理はできなかったでしょう。ただ、あれで公的資金への抵抗が強まったことが、その後の処理を難しくして、問題がさらに長期化しました。

破綻処理制度の整備

池尾◆その中で、預金保険機構がまがりなりにもあったのが不幸中の幸いでした。その後、預金保険機構を核にして、田舎の温泉旅館の建て増しみたいな感じで、本館の横に別館を造っていくようにいろいろな機能をくっ付けていき、不良債権問題を処理するための人員とか体制を整えました。

池田◆預金保険は徳田博美さん（元大蔵省銀行局長）が導入したのですね、一九七〇年代に。

池尾◆ただし、破綻処理制度の整備は一直線に前進していったわけではなく、抵抗勢力もいっぱいいた。みんなが前向きに問題解決のために全力を尽くそうとしたわけでは必ずしもなく、事なかれ主義で問題を先送りしたい、自分の任期中には問題を回避したいという人もいました。実際、二年ぐらい何もやらなかった銀行局長もいた。だから、一直線に進んだわけではありません。

例えば、世間が不良債権問題に着目するようになったのは、一九九四年一二月、東京都内の二つの信用組合の破綻が表面化したときだと思います。高橋治則の貯金箱だった信用組合の処理のために東京共同銀行がつくられました。二つのちっぽけな信用組合を処理するのに、東京共同銀行という名前はいかにも大げさだと思いませんか。結果的にああいうことに使われちゃったのだけれど、本来、東京共同銀行は、もっと大がかりな不良債権処理のための体制づくりとして構想されたものなのです。

日銀の一部の人は、戦前の昭和銀行のようなイメージのものとして東京共同銀行を設立し、それを不良債権問題の受け皿にしようとしたようです。しかし、その構想はつぶされ、二つの信用組合の受け皿機関として東京共同銀行が世の中に登場する。破綻処理のための備えが全然ない中で、破綻処理のための体制づくりという課題が一方にあり、それと当面する問題をとにかく解決していくという課題がもちろんあった。その二正面作戦を強いられる中で、ずいぶん行き戻りがあった感じです。

要するに、一九九〇年代前半は、制度整備ができていない中で、問題が相次いで表面化してくるわけです。だから、きわめて場当たり的な対応をせざるを得なかった。これは半分はやむを得ません。しっかりした法律があって、組織があって、予算も人員も付いている中で処理するのであれば話は別だが、そういうものが整備されていない中で問題が表面化してくる。すると、その場その場でできることをやるという感じになり、場当たり的にならざるを得なかった。そのことが国民の目から見て一貫性がない、何か変なことをやっていると受け止められて、ますます悪い印象を与えたわけです。

しかも、みんなが前向きに問題解決しようと思ったわけではなくて、責任逃れのような行動をとる人とか、事なかれ主義的な行動を取る人とかもいて、全体として見ると、何かごちゃごちゃした形で進行していたということだと思います。

池田◆一九九二年八月に当時の宮澤首相が軽井沢セミナーで公的資金の投入に言及します。あれは日債銀（現あおぞら銀行）のことなのだけど、さすがに個別行の話はできないから、一般論として必要だと言ったわけです。ところがそれに対する反応は、圧倒的に否定的でした。バブルに踊ったやつが損するのは自己責任だという論調が、財界でもメディアでも圧倒的だった。自己責任論が出てくるのは、こういう場合の定型的事実ですね。

池尾◆だから、日本の不良債権の処理が長引いたのは政策担当者がサボっていたからという理解は、私には酷だという感じがある。いま池田さんが言ったように、世論とかマスコミがどんな対応を取っていたのかということを、まず反省してもらわなきゃいけない。

池田◆それは今のアメリカの状況とも似ているところがある。全然想定してなかったことが起きたから、アドホックにやらざるを得ない。行政の方はかなり抜本的にやらなきゃいけないと思っているのだけれど、政治家やメディアにはそこまでの危機意識はなくて、勧善懲悪の意識の方が強い。

池尾◆一九九七年から一九九八年の金融危機以後、長銀（現新生銀行）と日債銀の一時国有化を行うわけですけれども、その経験から分かったことは、大規模金融機関の破綻処理は口では簡単に言うけれど、それなりの組織、人員を用意しておかないとできる話ではないということです。

最初につくった預金保険機構は、職員が二〇人もいなかった。職責上、日銀の副総裁が預金保険機構の理事長を兼ねるという仕組みになっていました。日銀本店の一角に部屋を借りて、そこで事務をしていた。金融機関から集めた保険料の経理をしているだけだった。実際の破綻処理の実務をやるような人間は一人もいないわけだから、大規模金融機関の破綻に対処できるわけはありません。本当に大規模金融機関まで含めて破綻処理するつもりだったら、そのための組織を用意しなきゃおかしい。だから、そういう事態を一九九〇年代になるまで一切考えていなかったわけです。

それゆえ、一九九〇年代初頭はほとんど丸腰で問題に取り組まざるを得なかった。しかし、現時点では一応標準装備は持っています。だから仮に似たようなことが再び起こったとしても、今度は丸腰じゃなくて標準武装で対応できるから、そういう意味では金融システムの不安定化というのは、今回はあまり心配しなくてもいいというのが私の基本的見方です。

ゼロ金利と量的緩和

池田◆日本経済が最悪の時期を脱したのは、二〇〇二年から二〇〇三年と一般的に見られています。その辺からようやく景気も上向いてくる。これをどう評価するかということも意見が分かれています。量的緩和とか円安介入をやったから、ようやく景気が戻ったのだという言い方をする人が、いまでも結構根強くいると思うのですが、二〇〇二年以降の回復局面をどういうふうに見るかということについてはいかがですか。

池尾◆ゼロ金利政策および量的緩和政策は、金融システム対策としては大いに意味のある政策だったと思っています。ただし、景気対策としてどれだけ意味があったかについては、私はかなり過小にしか評価しません。先にも述べたように、私は、日本経済の実際が均衡成長経路よりも上方に乖離するオーバーアキュムレーション（過剰蓄積）があったと考えています。本来必要とする以上の過剰蓄積をやったということで、いわゆる過剰設備、過剰雇用を生み出した。その金融的な表現としての過剰債務ということを合わせて、いわゆる三つの過剰を抱え込むことになりました。その三つの過剰がその後一〇年ぐらいの間に徐々に解消されてきた。幸いなことに、資本設備というのは時間がたつと陳腐化して減っていく特性がありますから、過剰設備も一〇年ぐらいで消えていく。もちろん積極的な努力もしたとは思いますけれども、三つの過剰の解消というのが、二〇〇〇年代初頭ぐらいまでにほぼ実現した。それによって、マイナスであった自然利子率が水面上に回復してきたのだと思います。

過剰設備を抱えているときに、進んで設備投資をやろうという企業はありません。それゆえ、過剰設備が存在する状況では、自然利子率はマイナスにならざるを得ません。過剰設備が消滅した結果——そんなに積極的に投資をしようという意欲が強いわけでもないから、それほど高い水準にはないけれど——一応ゼロを上回るプラスの水準まで自然利子率が上がってきた。低金利政策を取っていたため実質金利も低くなっていたことから、自然利子率と実質利子率の乖離がなくなって、景気が立ち直ることになったという理解をしています。

もちろん、直接的には中国特需とかの形で輸出型の製造業が引っ張ったというか、結果的に輸出ドライブ的なものが生まれて、それが牽引力になったというのはその通りだと思います。

池田◈いわゆるリフレ論争が、一九九八年のクルーグマンの論文あたりから出てきました。あの論文が出たときは、一方では貸し渋りが非常に深刻な問題だという意見があって、彼の論文はそれを批判する形で出てきたのです。貸し渋りがあれば、資金の超過需要があるので金利は上がるはずだけど、現実にはゼロに張りついている。つまり、自然利子率（均衡実質金利）はたぶんマイナスになっているという。私はそこは正しいと思うのです。

では、自然利子率がマイナスになっているのをどうするのかということになります。普通に考えたら、名目金利がゼロになっているのだから、デフレの状況では実質金利（名目金利－物価上昇率）はそれ以上は下がりっこない。そこで、すでに議論したリフレ派による例のインフレ目標政策の主張が出てくるわけです。

池尾◆インフレ目標政策なるものの有効性についてはクルーグマン自身も否定していることは、第5講で確認済みです。ところが、いわゆるリフレ派は、自分たちの主張は世界の標準的な経済理論なのだとか言ってましたよね。だから、それと違うことを言っているやつは、世界の標準的な経済理論を知らないのだという言い方をしていました。世界の標準的な経済理論のお墨付きを得るために、例えばスティグリッツもそう発言しているとか言っていた。

しかし、最近スティグリッツは「インフレ・ターゲティングなんて、ばかなことをやるな」と言ったりしています。リフレ派はあれだけ他人に対して厳しかったのだから、自分たちには甘いというのは許されない。自分たちが言っていたことの反省というか、自分たちの主張がいま考えて正しかったのかどうかという総括はすべきでしょう。

池田◆それはケインズの残した悪しき遺産で、ケインズ自身はとにかく当面の状況を何とかしなきゃいけないと考えたと思うのですけど、彼は長期については「われわれは死んでしまう」としか語っていない。だからその後のマクロ経済学というのは短期の理論に終始して、大学で習うのはそこまでです。ところが大学院の修士課程で長期を習うと、全然違う理論を教わる。こういう経済学の教え方もよくないと思います。

池尾◆でもリフレ派の人は、学部止まりで、修士課程以後の経済学を勉強していないのですか。大学院くらい出ているのでしょう。経済学博士号は取っていないのかな。そんなレベルの議論が、世の中に影響力をもつというのは情けないことです。

池田◆ところがジャーナリストは予備知識がないから、現在を一九三〇年代と同一視して、ケインズ理論という新しい経済学が古典派を打倒したと思っているのです。今度の不況についてもたくさん本が出ていますが、「世界恐慌の再来」といったタイトルのついているものが多い。しかし一九三〇年代の大恐慌のときには、アメリカの名目GDPは半分になり、失業率は二五％に達しました。それに比べて今回は、アメリカの二〇〇八年七－九月期の実質GDPは前年比マイナス〇・五％で、失業率も七％台です。最近では最大級ですが、大恐慌とは比較になりません。

大恐慌があれだけ破局的な結果になった最大の原因は、先ほど池尾さんも言ったように、金融政策だったというのが現在の標準的な理解です。当時は中央銀行の機能があまり理解されていなくて、FEDは経済が収縮しているときに、通貨供給を絞って利上げを行いました。これによって銀行が倒産し、経済が悪化すると金が流出し、さらに金利が上がる……という悪循環で、経済が急速に悪化したわけです。おまけに各国が自国通貨の防衛のために利上げを行うと、他国から金が流出してデフレになる、という「不況の輸出」が行われました。

つまり大恐慌が通常の景気循環を超えて破局的な事態をもたらした大きな原因は、金本位制だったのです。事実、金本位制を離脱した国から経済は回復しました。この反省から、戦後はブレトン・ウッズ体制で、金の保有量に制約されないで通貨を供給できる「管理通貨制」になりました。今回の金融危機でも、各国の中央銀行は最大限に流動性を供給して、金利の上昇を防いでいます。当局も大恐慌の教訓は学んだので、同じ事態が起こることはあり得ない。大恐慌と現在を混同して「清算主義」を攻撃するような経済学者は、信用しないほうがいいと思います。

池尾◆ちなみに2四半期連続で実質経済成長率のマイナスが続くと、不況（recession）と言うのが通常の定義ですが、恐慌（depression）の明確な定義はありません。しかし、最近のイギリスの『エコノミスト』の記事[注]によると、「インターネットで検索してみると、恐慌を不況から区別する二

注："Diagnosing depression", The Economist, Dec 30th 2008.

つの主要な基準が考えられそうである。一つは、実質ＧＤＰの下落が一〇％を超えることで、もう一つは、それが三年以上続くことである」とされています。実質ＧＤＰの下落が年率で一〇％以上か三年以上の継続ですから、いま程度の状況で安易に「恐慌」という言葉を使うのは慎んだ方がよい。現実の物価はなかなか上がらないのに、言葉だけがインフレになるのはよくありません。

ただし、同じ記事は、「ほとんどの経済学者が、政策担当者が過去の失敗を繰り返すことはないだろうから、一九三〇年型の恐慌や一九九〇年代の日本の再現の恐れはないと言う。しかし、これらの安心を促す言葉は、アメリカの住宅価格の全国的下落はあり得ないし、金融革新によって金融システムはより回復力に富んだものになったと言っていたのと同じ経済学者のものである。望むべくは、今回は彼らが正しいことである。……政策担当者は、一九三〇年代と同じ間違いは犯さないだろうが、新しい間違いは犯すかもしれない」とも書いています。われわれも、この指摘をもって自戒の念として、謙虚に今後の事態の推移に対処していかなければならないと思います。

エピローグ

池田信夫

当初は「サブプライムローン問題」だった現象が、二〇〇八年の秋以降「世界金融危機」に発展し、最近は「世界同時不況」と呼ばれるようになりました。当初はアメリカ発の金融危機と考えられ、日本はその余波を受けているだけで、金融システムも傷んでいないという楽観論が強かったのですが、ＧＤＰの落ち込みや株価の下落率は、主要国で日本が最大になってしまいました。震源地のアメリカよりも日本の方が打撃が大きくなったのは、なぜでしょうか。

新たな長期不況の予感

明らかな原因は、輸出産業の業績悪化です。それを象徴するのが、日本を代表する優良企業、トヨタ自動車の赤字転落でした。トヨタは二〇〇九年三月期の連結損益が、一五〇〇億円の営業赤字になるとの業績予想を発表しました。これは二〇〇八年三月期の二兆二七〇〇億円の黒字から二兆四〇〇〇億円以上の急激な減益で、営業赤字は創業以来初めてです。

この大幅な赤字は一時的な要因もあるでしょうが、トヨタの経営陣は楽観していないようです。この背景には、ここ数年続いてきた円安の是正と北米市場の大幅な落ち込みという二重の要因があるからです。日本の貿易収支も、二〇〇八年八月に二六年ぶりの赤字になり、その後も赤字基調が続いています。日本経済の唯一のエンジンだった輸出産業が、円高とアメリカの消費減退に直撃されたことが、GDPがマイナス成長に陥った最大の原因です。

日本政府はこうした問題を「全治三年」の一時的な景気後退と考え、景気対策で需要を刺激すれば元の水準に戻るとみているようですが、こうした楽観論は事実に裏づけられていません。まず為替レートは、二〇〇九年初頭の段階では一ドル九〇円前後で変動していますが、これは理論的な均衡為替レートにほぼ近いとみられています。むしろ二〇〇八年前半までの一ドル一一〇～一二〇円というレートは、日本の超低金利やドル買い介入によって人為的につくられた「円安バブル」だと考えた方がいいでしょう。したがって為替レートが、かつての水準に戻ることは期待できません。

次にアメリカの消費の落ち込みは、第2講でも論じたように過剰消費の水準訂正です。特にアメリカ経済を支えてきた住宅と自動車への過大な支出は、長期的に維持可能なものではなく、いずれ正常化することは不可避でした。今はそれが一時的に下方にオーバーシュートしているかもしれませんが、かつてのような水準に戻ることは考えられません。

アメリカの過剰消費が正常化するのは望ましいことですが、世界経済にとっては喜ぶべきことばかりではありません。世界経済の貯蓄投資バランスでは、恒常的に世界のGDPの二%(約一兆ドル)もの過剰貯蓄があり、それをアメリカが吸収していたので、その過剰投資がなくなると世界全体のGDPが収縮するおそれが強い。

特に日本の輸出産業にとっては、二〇〇八年前半までの景気回復が円安バブルによる一時的なものであり、現在の水準が長期的に続くことを覚悟した方がいいでしょう。言い換えれば、日本の不況はアメリカの金融危機が波及したものではなく、もともと維持可能でなかった「輸出バブル」が、アメリカの金融危機をきっかけに崩壊したもので、欧米とは性格の違うものです。

最大の問題は、第7講でも議論した生産性の低下です。日本の労働生産性は二〇〇七年、G7諸国で最低になりました(OECD調べ)。しかし製造業の生産性はG7諸国の平均より高く、問題はアメリカより三〇%低いといわれるサービス業の生産性です。普通このように大きな生産性格差があると、サービス業に参入して生産性を高めて利益を上げようとする企業が出てきます。一九八〇年代のアメリカでは、AT&Tの独占だった通信産業にMCIやマッコー・セルラーが参入して通信サービスの生産性を高め、ウォルマートやトイザらスが大型店舗を各地に建てて流通革命を起こしました。

しかし日本では、ソフトバンクがDSL（デジタル加入者線）に参入したのが唯一の例外で、サービス業への大規模な新規参入はほとんどなかった。むしろ外圧でいったんは廃止された大店法（大規模小売店舗法）が、新大店法（大規模小売店舗立地法）として新たにでき、古い流通業を温存する政策が取られたため、零細な小売店ばかりでなく既存の大型店の独占が守られ、サービス業の生産性は低下しました。さらに九〇年代後半から大規模に行われた公共事業によって、生産性の低い建設業に労働力が移動し、地方経済の活力をそぐとともに地方財政を悪化させました。

この状況が変わらない限り、日本の潜在成長率は上がらないでしょう。GDP比で一割の働き手（輸出産業）が九割の扶養家族（国内産業）を支える産業構造は、これ以上長く維持できるとは思えません。ましてその働き手が倒れた今は、九〇年代以上の長期不況に陥るおそれも強い。円高によって輸出産業は今後ますます海外生産にシフトし、アウトソーシングが進むでしょう。国内に残された産業も、新興国からの輸入品との競争によって単純労働の賃金は低下圧力を受けます。

一九九〇年代以降、実質賃金がほとんど上がらなかったのは、長期不況の影響ばかりでなく、こうしたグローバル化の圧力も大きい。特に日本では正社員の解雇規制が強いため、企業は非正規労働者を増やすことによって平均賃金を抑制してきました。その結果、一九九〇年代に就職期を迎えた若年層に大量の失業者が生まれ、フリーターとして技能の蓄積もできないまま中年を迎えようとしています。今回の不況でも、同じような状況が再現される可能性が高いが、政府の対応は目先の「雇用対策」ばかりで、労働市場の構造問題には手をつけようとしません。

コーディネーションの失敗からの脱却

第4講に「コーディネーションの失敗」という概念が出てきました（図4）。現在のアメリカ経済の置かれた状況は、「影の銀行システム」における取り付けによって引き起こされたコーディネーションの失敗だと言ってもいいでしょう。目先の「局所最適化」の集計が全体として非効率的な結果を生むのは、多くの人々の行動に相互依存性（補完性）がある場合です。こういうとき局所解は複数あり、そのうちどれが一番いいかは先験的には分からない。いま世界が置かれている状況が最悪に近いことは確かでしょうが、そこからどうすれば全体最適に到達できるのか、そもそも全体最適解があるのかどうかも分かりません。

大恐慌のときのように人々が極端にリスク回避的になっていると、それに合わせることが合理的になるので悲観的な予想が広がり、人々は安全な現金を保有します。その結果、投資資金が供給されなくなり、「合成の誤謬」によって経済が収縮するとケインズは考えました。これはコーディネーションの失敗の一種で、個人の力では変えられません。

こういう場合、もし政府がリスクを取って「よい均衡」にコミットできれば、「悪い均衡」から脱却できるかもしれません。極端に言えば、FEDが長短すべての債券を買い占めて金利をゼロにすれば、他の投資家も額面に近い価格で債券を買うようになるでしょう。もちろんそんな政策は不可能ですが、FEDが数千億ドルのリスク資産を買うのは、それに近い強いコミットメントを示すものです。

これは従来の意味でのマクロ政策とは違い、むしろ危機管理政策と言った方がいいでしょう。FEDが民間の（金利の高くなった）証券を買えば、国債との金利差は縮まります。それは「よい均衡では金利はもっと低い」というFEDの判断を市場に示すことによって、悪い均衡を脱却する政策と解釈できます。つまり、これは金融市場を操作するというより投資家の予想に働きかける政策と言えるでしょう。これがどこまで市場の崩壊を防ぐことができるかは壮大な実験です。

またオバマ政権は、七七五〇億ドルの予算によって「三〇〇万人の雇用創出」をめざす政策を発表しました。サマーズ国家経済会議議長は、この政策は短期的な需要刺激を目的とするものではなく、アメリカの潜在成長率を高める長期的な投資を行うものだと強調しました。従来型のケインズ的な財政・金融政策の効果が疑わしいことは、この講義でも明らかにした通りですが、アメリカで始まっているのは投資家の予想や潜在成長率などの長期の要因を変えることによって経済の基礎的要因を改善する政策と考えることができます。

ただ悪い均衡を脱却しても、どこによい均衡があるかは誰にも分からない。かつてケインズは、全体最適を知っている政府のエリートが民衆を指導して、有効需要を創出すればよいのだと考えましたが、政府が全体最適を知っているという保証はありません。大恐慌期に財政支出で総需要を増やしたのは、応急処置としては正しい政策だったと思いますが、政府が特定の部門に裁量的に支出してよい均衡に導こうとする政策は、市場メカニズムを歪めるリスクが大きいので、経済が正常な軌道に乗ったら政府は退場することが望ましいといえます。

日本の宿題

これに対して、日本の金融システムはあまり傷んでいないので、アメリカのような大規模なコーディネーションの失敗は起こっていません。むしろ輸出産業などの業績悪化による需要ショックという古典的な不況でしょう。これに対して景気対策を求める声が強まっていますが、日本最強の企業トヨタを助ける政策はないでしょう。

現在の需要ショックには一時的な要因もあるでしょうが、基本的には円安バブルが突然終わったことによって日本企業の実力相応の水準に戻っただけでしょう。GDP成長率をみても、二〇〇八年のマイナス成長によって一九九〇年代以降の長期停滞のトレンドに復帰しただけで、むしろ二〇〇三年以降の景気回復は金融緩和と円安による長期停滞の中休みだったと考えた方がいいと思います。

こうした状況では、短期的な財政・金融政策に大した効果はありません。民間の経済主体が、自分のリスクでチャレンジするしかないでしょう。このようなチャレンジを可能にするためには、やはり資本市場の機能が重要です。二〇〇八年の経済財政白書も、リスクテイクの重要性を強調しています。起業活動を行っている人が労働力人口に占める割合をリスクテイクの指標とし、実質GDP成長率との関係をみると、**図6**のように起業活動従事者シェアが高い国ほど成長率が高くなっています。起業が盛んであれば、経営資源が衰退産業から成長産業へすみやかに移動し、イノベーションが進みやすいので、起業が経済成長にプラスの影響を及ぼすわけです。

ご覧のように日本は「ローリスク・低成長」の極で、これが長期低迷の原因です。起業家に資金を提供するのがベンチャーキャピタル（VC）ですが、日本のVCの話によると、すべてのVCをあわせて資金量は一兆円だそうです。これは個人金融資産のわずか一五〇〇分の一です。それでも投資できる企業がなく、VCが電話営業で投資先の企業を探しているのが実情です。先日は、私にも電話がかかってきて驚きました。シリコンバレーでは、VCに多くの起業家が門前市をなしているのに、困ったものです。ただこれは、考えようによっては起業するチャンスかもしれない。

こうした日本の産業構造は、実は一九八〇年代からほとんど変わっていません。アメリカが八〇年代に第三次産業革命に対応する産業構造の転換を実現したのに対して、日本は製造業の成功を過信して、その変化を通過しないまま今まで来た

図6　起業活動従事者シェアと実質GDP成長率の関係（経済財政白書）

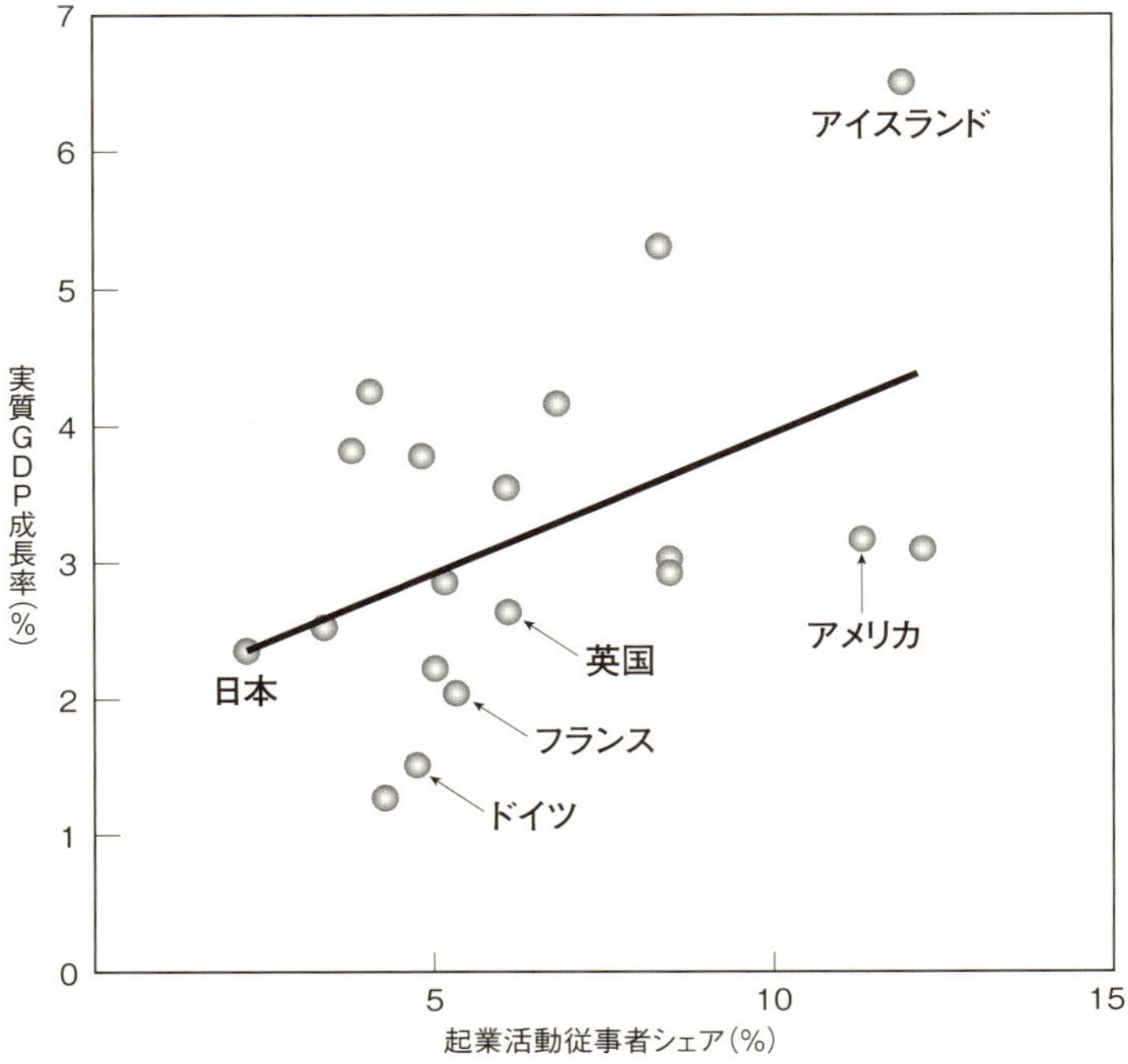

わけです。その意味で九〇年代の「失われた一〇年」は二〇〇〇年代に終わったわけではなく、日本は、アメリカが八〇年代に片づけた宿題をいまだにやり残しているのです。それはコモディタイズ（日用品化）した製造業から高付加価値のサービス業への転換です。

アメリカ経済を苦境から救ったのは、いま批判を浴びている投資銀行でした。第3講でも論じたように、ジャンクボンドを使ったLBOによって企業を買収し、資本効率を高めて利益を上げる投資銀行やプライベート・エクイティと呼ばれる投資ファンドは、当時のアメリカでもハゲタカ呼ばわりされ、インサイダー取引で逮捕されるなどの事件も起こしました。彼らが強欲だったことは事実かもしれません。しかし結果としては、彼らが非効率なコングロマリットを解体し、新興企業の資金調達を容易にしたことで、アメリカ経済はよみがえったのです。

それは個々の企業や労働者にとっていい時代ではなかった可能性は否定できません。IBMで大型コンピュータをつくっていた技術者が、おもちゃのようなパソコンをつくるのは気が進まなかったでしょう。しかし、パソコンやインターネットのような安くて悪い「破壊的イノベーション」は、企業の業績がよいときには開発されません。高くてよい技術が売れなくなり、会社が危機に瀕したとき、初めて改革に着手されるのです。

だからジェンセンの言うように、資本市場は撤退（イグジット）のメカニズムだと考えることができます。経営者のインセンティブは非対称で、売り上げを増やしたり新しい分野に「多角化」したりするための投資は容易ですが、撤退する決断にコンセンサスを得ることは難しい。

ＬＢＯによってレバレッジを高めることは、資本効率を上げないと金利も払えなくなって倒産するという緊張感を作り出し、経営者を規律づけるメカニズムとして機能したのです。

しかし今回の危機では、こうした高いレバレッジによる資本効率の追求のために、投資銀行が高すぎるリスクを取ったことが、損失が出た場合の現金制約を深刻にし、破綻が破綻を呼ぶ負の側面を見せました。株主資本主義に弊害があることは明らかです。しかし逆に一部の日本企業のように、時価総額が預金残高を下回るような経営が許されてよいわけではありません。それは株主にとって損失であるばかりでなく、日本経済の生産性を低下させる要因になっています。客観的にみて、日本にはまだ株主資本主義が足りないと思います。

トヨタに代表される系列取引に基づく長期的関係は、自動車のように大量の部品を複雑に組み合わせる工業製品には有効でしょう。しかしこうした人的関係に依存した企業システムは、いま日本が直面している革命的な変化には適していません。銀行ベースの金融システムも、大規模な変化には適していません。産業間で物的・人的資本を移転するには、株主資本主義の原理で企業を売買する「企業コントロールの市場」が必要なのです。

産業政策によって既存の大企業を集めて「日の丸検索エンジン」に補助金を出すような政策は、無意味であるばかりでなく、産業構造の転換の遅れという根本問題をかえって悪化させるおそれが強い。民間の情報量が政府よりはるかに多い今日では、「情報弱者」である官僚が多重のコンセンサスを経て打ち出す政策がイノベーティブなものであることはまずなく、既存企業に税金をバラまいて古い産業構造を延命する結果に終わることが多い。

■構造改革は終わっていない

政府の役割はこうした裁量的な介入ではなく、市場が機能するためのルールを整備することです。とくに今回の問題の発端となった金融市場では、日本は幸か不幸か高いリスクを取るシステムができていなかったので、難をまぬがれましたが、これから外需に依存した成長が困難である以上、国内に投資機会を見いだし、リスクテイクを容易にする制度設計が必要です。ただ今回アメリカの投資銀行の教訓で、情報の非対称性などの欠陥を放置したまま市場が野放図に拡大すると深刻な問題が起こることが分かったので、そうしたルールを整備した上で資本市場を充実する必要があります。

また労働生産性の向上にとって最も重要なのは、人的資源の移動です。OECD（経済協力開発機構）の対日審査報告（**文献13**）も指摘したように、日本の正社員は過剰に保護されており、平均給与が非正規労働者の二倍に上るなど、「身分制」が固定されています。解雇規制を緩和して正社員の雇用コストを下げ、非正規労働者との格差をなくすとともに、労働者の再教育施設を整備するなど、衰退部門から成長部門への人的資源の移動を促す制度設計が必要です。

一九九八年の金融危機以降とられた日本銀行のゼロ金利・量的緩和や財務省のドル買い介入

などの政策は、その意図はともかく、結果としては円安と低金利によって預金者から輸出企業に所得移転を行う「輸出補助金」でした。これは二〇〇〇年代初頭には、やむを得ない判断だったでしょう。信用不安で日本経済が壊滅状態になっている状況では、国際競争力のある輸出産業に資源を集中し、外貨を稼いで国内産業の落ち込みを補うしかなかったかもしれない。

だとしても、日銀が二〇〇六年まで金融緩和を続けたのは長すぎました。おかげで「日本経済は回復した」という油断が広がり、一時はあった危機感が薄れてしまいました。トヨタを中心とする名古屋圏はバブル的な活況を呈し、輸出産業が日本経済を牽引する八〇年代のような状況が再現されました。

しかし日本の輸出産業は、新興国との競争にさらされており、こうした成功がいつまでも続くとは思えません。とくに自動車のようなコモディタイズした商品では、価格競争が始まるのが普通で、中国やインドでもトヨタの半値以下の自動車が生産され始めています。トヨタの得意とする高級車は、先進国の買い替えが中心なので、成長産業ではありません。今回トヨタだけでなく、ソニーなど輸出産業が総崩れになったのは、高級志向の「持続的イノベーション」に依存する日本の製造業の弱点を示しています。

小泉内閣の「構造改革」は――小泉元首相がどこまで経済を理解していたかは別として――こうした長期の問題に取り組んだ数少ない例でした。郵政民営化が実質的に意味があったのかどうか疑わしいとしても、それは「官から民へ」という流れの象徴となり、その是非を国民に問うた二〇〇五年の総選挙で自民党が圧勝したことで、一時は不良債権処理や道路公団改革などの懸案に手がつけられました。こうした「小さな政府」をめざす改革は、欧米諸国で一九八〇年代以降、進められてきたもので、日本は遅ればせながらその緒についたわけです。

しかし小泉氏が退陣したあとは、政治的にも「古い自民党」が息を吹き返してきました。今回の経済危機についても、「定額給付金」のようなバラマキが行われ、「景気対策か財政再建か」という短期的な問題ばかりが政治的な争点になっています。アメリカのように政権交代によって体制を一新できればいいのですが、日本の民主党の掲げるのは「格差是正」などの温情主義で、小泉改革を全面否定する路線です。残念ながら、長期衰退をどう防ぐかという問題設定（アジェンダ）さえ存在していないようです。誤ったアジェンダをいくら議論しても、正しい答えにたどりつくことはできません。

不況期にあっては、こうした「痛み」を伴う改革を忌避する心理がはたらきがちです。しかし、かつて長期不況の最中に登場した小泉政権が「痛みを伴う構造改革」を掲げて世論の圧倒的支持を得たように、国民は長期的な戦略さえ明確であれば、短期的な痛みはそれほどいとわないのではないでしょうか。欠けているのは短期的な景気刺激ではなく、国民を説得できる長期的なビジョンだと思います。

14. リチャード・ブックステーバー『市場リスク　暴落は必然か』日経BP社、2008年。
15. アラン・グリーンスパン『波乱の時代』日本経済新聞出版社、2007年。
16. M. El-Erian, *When Markets Collide: Investment Strategies for the Age of Global Economic Change*, McGraw-Hill, 2008.

などが参考になります。14.は投資銀行でデリバティブを開発していたファンドマネジャーが、その危険性を警告した本。15.はFEDの元議長の回顧録で、その付録（別売り）では今回の金融危機を招いた責任について釈明しています。16.は世界最大の債券ファンドのCEOが今回の危機をグローバルな視野から展望したもの。

マクロ経済学や金融政策の教科書としては、上記の3.の他に

17. N・G・マンキュー『マンキュー　マクロ経済学（第2版）入門篇・応用篇』東洋経済新報社、2003年。
18. C. I. Jones, *Macroeconomics*, W. W. Norton & Company, Inc., 2008.
19. 加藤涼『現代マクロ経済学講義――動学的一般均衡モデル入門』東洋経済新報社、2006年。
20. J. Gali, *Monetary Policy, Inflation, and the Business Cycle*, Princeton University Press, 2008.

などがあります。とくに18.は、学部生（undergraduate）向けの現代的なスタイルのマクロ経済学の教科書です。当然に、長期の経済成長の理論から説明が始まり、後半の短期の理論にLM曲線は出てきません。利子率は中央銀行が設定するからです。これに対して19.と20.は、大学院生以上向けの上級テキストになります。

この他に、日本銀行の「日銀レビュー・シリーズ」は、「最近の金融経済の話題を、金融経済に関心を有する幅広い読者層を対象として、平易かつ簡潔に解説」していて有益です。2004年12月22日の「マネタリー・エコノミクスの新しい展開：金融政策分析の入門的解説」以降の数号で、ニュー・ケインジアン・モデルの解説もしています。

インターネット（http://www.boj.or.jp/type/ronbun/rev/index.htm）から全号ダウンロードして入手可能です。

読書案内

ここでは本書を読んだあと、金融危機と経済学についてもう少し勉強したいと思った人のために、参考となると思われる文献をリストアップしておきます。まず本書で参照した本と論文は以下の通りです。

1. チャールズ・R・モリス『なぜ、アメリカ経済は崩壊に向かうのか』日本経済新聞出版社、2008年。
2. M. Friedman, "The Role of Monetary Policy," *American Economic Review*, March 1968.
3. 白川方明『現代の金融政策』日本経済新聞出版社、2008年。
4. チャールズ・P・キンドルバーガー『熱狂、恐慌、崩壊――金融恐慌の歴史』日本経済新聞出版社、2004年。
5. バートン・マルキール『ウォール街のランダム・ウォーカー』日本経済新聞出版社、2007年。
6. D. W. Diamond and P. H. Dybvig, "Bank Runs, Deposit Insurance, and Liquidity," *Journal of Political Economy*, June 1983.
7. D. W. Diamond and R. G. Rajan, "A Theory of Bank Capital," *Journal of Finance*, December 2000.
8. R. G. Rajan, "Has Financial Development Made the World Riskier," September 2005. http://faculty.chicagogsb.edu/raghuram.rajan/research/finrisk.pdf
9. *Journal of Economic Perspectives*, Fall 2007号のMonetary Policyの特集。
10. J. E. Stiglitz and A. Weiss, "Credit Rationing in Markets with Imperfect Information," *American Economic Review*, June 1981.
11. G. Akerlof, "The Market for 'Lemons'," *Quarterly Journal of Economics*, August 1970.
12. F. Hayashi and E. C. Prescott, "The 1990s Japan: A Lost Decade," *Review of Economic Dynamics*, January 2002.
13. OECD対日審査報告2008年版（日本語版要旨）：http://www.oecd.org/dataoecd/26/39/40377219.pdf

1.はアメリカの歴史の中で今回の金融危機を位置づける本です。3.は、現在の日銀総裁が京都大学で金融論を教えていたときの教科書。4.は、バブルやその崩壊にともなう経済事件を歴史的に回顧したもの。今回の金融危機に関連する本としては、1.の他に、

10月13日 ▶英政府、大手3行に370億ポンドの公的資金注入を発表
10月13日 ▶三菱UFJグループ、モルガンへの出資を全額優先株で行う
10月14日 ▶米政府、大手9行に2500億ドルの公的資金注入を発表。銀行間取引を政府保証し、決済性の当座預金を全額保証
10月15日 ▶デンマーク政府、ユーロ導入の意向を表明
10月16日 ▶スイス政府、UBSに公的資金注入
10月24日 ▶IMF、アイスランド政府と21億ドルの緊急融資で合意
10月27日 ▶アイスランドのカウプシング銀行が日本国内で発行した円建て外債（サムライ債）500億円が債務不履行に
10月31日 ▶日銀、政策金利を0.3%に引き下げ
11月 4日 ▶民主党のオバマ候補が大統領選で当選
11月14日 ▶ペルーの首都リマでG20・主要20カ国地域緊急首脳会合が開かれるが、具体的な成果なし
11月18日 ▶GMなど米自動車ビッグスリー首脳は議会公聴会で最大で総額340億ドルの緊急融資を求める
11月23日 ▶米政府は、シティグループ救済のために先に注入した250億ドルに加え、200億ドルの追加注入などを発表
12月 4日 ▶ビッグスリー、議会の公聴会で再び緊急融資を求める
12月11日 ▶米ナスダックのマドフ元会長が500億ドルに上る「ねずみ講」詐欺の容疑で逮捕
12月12日 ▶東京市場で一時1ドル88円をつけ、13年ぶりの円高水準に
12月16日 ▶FED、FF金利の誘導目標を年0.0−0.25%とし、ゼロ金利政策に踏み切る
12月19日 ▶日銀、政策金利を0.1%に引き下げ
12月19日 ▶米政府、GMとクライスラーに174億ドルのつなぎ融資決定
12月22日 ▶トヨタ、2009年3月期の連結業績予想で1500億円の営業赤字に転落すると発表
12月24日 ▶FED、GMの金融子会社GMACの銀行持ち株会社への移行を承認
12月29日 ▶米政府、GMACに50億ドルの公的資金注入を発表

2009年

1月20日 ▶バラク・オバマが大統領に就任

ット氏も引き受ける
9月25日 ▶米S&L最大手のワシントン・ミューチュアルが破綻、JPモルガン・チェースが買収を発表
9月28日 ▶ベネルクス3国が金融大手フォルテスを公的管理下に置く
9月29日 ▶英政府、住宅金融大手ブラッドフォード・アンド・ビングレーの一部国有化を発表
9月29日 ▶アイスランド政府、銀行グリトニル国有化を発表
9月29日 ▶日米欧の中央銀行がドル資金供給の増額を発表
9月29日 ▶米下院、「緊急経済安定化法案」を否決。ダウ工業株30種平均が史上最大の777ドルの暴落
9月29日 ▶シティグループが米銀のワコビアの銀行部門の買収を発表
9月30日 ▶アイルランド政府、国内6行の預金を全額保護すると発表
9月30日 ▶フランス、ベルギー政府、銀行デクシアに公的資金注入と発表
9月30日 ▶SEC（米証券取引委員会）がサブプライム関連商品の時価会計適用中止を発表
10月 3日 ▶米銀ウエルズ・ファーゴが米銀ワコビアを買収。シティの買収はご破算に
10月 3日 ▶米下院、「緊急経済安定化法案」の修正案を可決、同日大統領の署名を経て成立
10月 4日 ▶欧州4カ国首脳が公的資金注入などで共同声明
10月 5日 ▶ドイツ政府、不動産金融会社ヒポ・レアルエステートに最大500億ユーロの支援表明
10月 6日 ▶FED、準備預金への金利付与を柱とする追加流動化対策を発表
10月 6日 ▶ダウ、一時8000ドル割れ
10月 6日 ▶シティが買収をめぐるトラブルでワコビアとウエルズ・ファーゴに対して600億ドルの賠償請求
10月 6日 ▶アイスランド政府がすべての銀行を政府管理下に
10月 7日 ▶FED、無担保CP、資産担保CPの買取制度を創設
10月 8日 ▶英政府、大手銀行8行への最大500億ポンドの公的資金注入を発表
10月 8日 ▶FED、ECBなど10カ国の中央銀行が同時利下げを実施
10月 8日 ▶ポールソン米財務長官、緊急経済安定化法による銀行への公的資金注入を示唆
10月10日 ▶ワシントンでのG7財務相・中央銀行総裁会議が公的資金注入を含む行動計画を採択
10月10日 ▶大和生命が破綻

ーク連銀がJPモルガンを通じて290億ドルの資金支援

3月17日 ▶FEDがプライマリーディーラーに貸出制度を導入

6月 9日 ▶リーマン・ブラザーズ、3−5月期決算で上場以来初の赤字。60億ドルの緊急増資

7月11日 ▶米中堅地銀インディマックが経営破綻

7月13日 ▶米財務省・FEDがファニーメイ、フレディーマック支援策を発表

7月13日 ▶ファニーメイ、フレディーマックの経営危機が表面化、株価急落

7月30日 ▶住宅公社を支援する住宅経済復興法が成立

7月31日 ▶グリーンスパン前FED議長、米CNBCテレビに出演して「100年に1度起きるかどうかの深刻な金融危機」と発言

8月 ▶フレディマックが4-6月期決算で8億2100万ドルの赤字、ファニーメイが同じく23億ドルの赤字

9月 7日 ▶米政府、ファニーメイ、フレディマックの国有化を発表。合計2000億ドルの優先株購入枠を設定

9月 9日 ▶リーマン・ブラザーズと韓国産業銀行の交渉決裂が報道され、株価が急落

9月15日 ▶リーマン・ブラザーズが連邦破産法第11条の適用を申請。バンク・オブ・アメリカがメリルリンチを500億ドルで買収すると発表

9月15日 ▶リーマン破綻を受けて、ニューヨークの銀行間取引でFF金利が一時、8-9%に急騰

9月16日 ▶米政府とFEDが米保険最大手のAIGに最大850億ドルの緊急融資を発表。政府は同社株式の79.9%を取得する権利を得て、事実上、政府管理下に置いた

9月17日 ▶リーマンの発行した証券を組み込んだMMF(マネー・マーケット・ファンド)が基準価格を割り込む

9月18日 ▶日米欧の主要中央銀行が協調して、市場にドル資金を供給する緊急対策を発表

9月19日 ▶米政府、公的資金による不良債権買い取りなど金融安定化策を発表。金融株の空売り禁止、MMFの保護なども打ち出す

9月21日 ▶ゴールドマン・サックスとモルガン・スタンレーの銀行持ち株会社への移行をFEDが承認

9月22日 ▶G7による電話会談開催と声明発表

9月22日 ▶三菱UFJフィナンシャル・グループがモルガン・スタンレーへの出資を発表

9月23日 ▶ゴールドマン・サックスが巨額の増資を発表。ウォーレン・バフェ

年表

●サブプライム問題から信用危機、世界同時不況への拡大

2007年

年初 ▶住宅価格の下落顕著に
3月 ▶2006年ビンテージのサブプライムローンの延滞率悪化が表面化する
4月 2日 ▶サブプライムローン大手のニューセンチュリー・フィナンシャルが破産申請
6月22日 ▶ベアー・スターンズが傘下のファンド支援を表明
7月10日 ▶S&Pとムーディーズがサブプライム関連商品の格付見直しを発表
7月19日 ▶バーナンキFED議長、サブプライム絡みの損失額は500億〜1000億ドルとの試算を議会で証言
7月31日 ▶ベアー・スターンズ傘下のファンドが破綻
8月 9日 ▶仏BNPパリバ銀行が傘下のファンドの解約請求を凍結
8月 9日 ▶銀行の別動隊であるSIV（特別目的会社）が証券化商品の下落で資金難に陥り、FEDが銀行に緊急資金供給
9月14日 ▶英の中堅銀行ノーザン・ロックで取り付け騒ぎが発生。数日で預金残高の8%に当たる20億ポンドが引き出された
9月18日 ▶FEDが政策金利を0.5%引き下げ
10月 ▶米シティグループ、メリルリンチなどが相次いでサブプライム関連損失発表
11月 ▶シティグループがアブダビ投資庁から出資を受け入れるなど、SWF（政府系ファンド）などから出資を仰いだ金融機関の増資相次ぐ。
12月 6日 ▶ブッシュ大統領、5年間金利凍結による救済措置を発表
12月12日 ▶米欧中央銀行が資金供給を声明

2008年

1月18日 ▶フィッチ・レーティングス、金融保証会社（モノライン）のアムバックを格下げ
2月13日 ▶総額1680億ドルの緊急経済対策法が成立
3月16日 ▶JPモルガン・チェースがベアー・スターンズを救済合併。ニューヨ

ベキ分布

通常の経済データでは、正規分布などの指数分布が想定されるが、実際の外国為替市場や株式市場のデータは正規分布に従っておらず、テールの部分が長いベキ分布になっているという研究がある。現在のような危機的な事態は、この分布では予想できる事象ということになる。

ヘッジ(Hedge)

投資リスクを相殺する行動のこと。例えば、株価の下落を心配する株式保有者は、その株式のプットオプションを買うか、コールオプションを売ることで、そのリスクを相殺(すなわち、ヘッジ)することができる。

レポ取引

金融資産の買い戻し(repurchase)条件付きの売買取引。一方が他方に国債や証券化商品などの金融資産を貸し出し、見返りに担保金を受け取る。一定期間が経過した後、その金融資産の返還と同時に担保金も返却される。借り手は金融資産に対する貸借料を支払う。実質的には、当該の金融資産を担保とした短期の資金貸借取引であるといえる。

自然失業率（Natural Rate of Unemployment）

人々の予想するインフレ率が現実のインフレ率と一致するという意味での長期均衡において実現する失業率のことで、経済のファンダメンタルズを反映した失業率の水準であると考えられる。ただし、現実のインフレ率が人々の予想を上回っているような状況においては、一時的に現実の失業率は自然失業率を下回ることもある。

自然利子率

ヴィクセルが『利子と価格』（1898）で提唱した概念で、財市場の価格に対して中立になる（インフレもデフレも起きない）実質金利の水準。

スタグフレーション（Stagflation）

不況とインフレーションが同時に起こること。スタグネーション（停滞・不況）とインフレーションを合成した造語。

テイラールール（Taylor Rule）

ジョン・テイラーによって提案された中央銀行による政策金利の目標水準の設定に関するルールのことで、その基本形においては目標金利をインフレ率ギャップ（実際のインフレ率とその中央銀行が望ましいと考えているインフレ率との差）と実質GDPギャップ（実際のGDPと潜在GDPの差）の関数で表す。

テールリスク（Tail Risk）

事象の確率分布を正規分布で近似した場合、標準偏差の3倍以上の「テール」（先端）に見られるごく稀なリスクの通称。生起する確率は非常に低いが、いったん起きるとその損失が非常に大きいのが特徴。金融危機で多くの投資家が一斉に資産を売却するなど、人々の行動に強い相関があるときに起こる。

プットオプション（Put Option）

特定の日までに特定量の資産を指定の価格で売る権利を付与する契約。プットオプションの買い手は、オプション料を支払ってこの権利を買う。

プライマリーディーラー（Primary Dealer）

政府公認ディーラー。公開市場操作でニューヨーク連邦準備銀行とアメリカ国債を直接売買する権限を与えられた銀行や証券会社。

ブラック＝ショールズ公式

1973年に発表された、金融市場でオプション証券の価格がどう決まるかを理論的に推定する公式。これが様々な派生証券（デリバティブ）の価格を決める理論の基礎となり、金融工学が発展するきっかけになった。

たもの。一般的にはイノベーション、特に技術進歩による生産効率の上昇と考えられるが、最近では産業構造の変化による部門間の生産性の歪みなどを反映するという実証研究もある。

VaR（Value at Risk）
投資家の資産全体のリスクの尺度。投資家の保有する資産全体のリターンとリスクを集計し、正規分布で近似して定量化したもの。通常は99%（あるいは95%）の確率で起こり得る最大の損失額がVaRの値とみなされる。

インフレ目標（Inflation Targeting）
中央銀行が一定の物価上昇率を目標として設定し、それ以上のインフレになった場合には金融引き締めによって物価を安定させるといった金融政策の運営の枠組み（フレームワーク）。一部の人々が主張する、人為的にインフレを起こす政策は、本来の意味でのインフレ目標とは似て非なるもの。

逆淘汰（Adverse Selection）
プリンシパル（依頼人）とエージェント（代理人）の契約において、商品の質をエージェントが知っていてプリンシパルが知らない「情報の非対称性」があるとき、市場に不良品（レモン）だけが残る現象。

グラス・スティーガル法（Glass-Steagall Act）
商業銀行による証券会社の所有を禁止した1933年制定の法律。この法律の下では、商業銀行は民間企業の発行する証券や地方特定財源債の引き受けなどの投資銀行活動を禁止された。1999年、グラム・リーチ・ブライリー法が成立し、グラス・スティーガル法によって規定されていた銀行、証券の垣根が実質的に撤廃された。

合理的期待仮説（Rational Expectations Hypothesis）
合理的な経済主体は各変数の将来に関する期待を形成する際に利用可能なすべての情報を用いるはずであり、系統的に誤った予想を行うことはないという期待形成に関する合理性の仮説。

コンテスタビリティー理論（Contestability Theory）
米国の規制緩和政策を支えた経済学者ボウモルらによる産業組織論の新理論。伝統的な産業組織論が市場に実際に存在する企業数を問題としてきたのに対して、潜在的に参入可能な企業数の方が重要だと主張した。参入退出がコストなしに可能だという意味で市場が完全にコンテスタブル（競争が可能）であれば、市場に実際に存在する企業数が1つという意味での独占企業であっても、競争価格を上回る価格をつけると参入を招くことになるので、競争価格をつけるしかなく超過利潤を得られない。

手の振り出しもできることから、銀行預金に似た金融商品として人気を集めた。今回の金融危機では、資産が毀損されることを恐れた投資家がMMFを大量に引き出し、FEDは「マネーマーケット投資家貸付制度」を設立して流動性を供給した。

PER (Price Earnings Ratio)
株価収益倍率。株価を1株当たり利益で割ったもの。PERが高い(低い)ほど、当該企業の収益力からみて株価が割高(割安)だとみなせる。

PDCF (Primary Dealer Credit Facility)
プライマリーディーラー向けの連銀貸出制度。プライマリーディーラーに対して、広範囲な適格担保と引き換えに翌日物の資金供給を実施するもの。金融市場の機能回復を支援するために導入された。

qレシオ (q ratio)
株価を1株当たり実質純資産で割った指標。株価純資産倍率(PBR)の計算に用いる純資産に含み資産を加えて時価で計算される。

RMBS (Residential Mortgage-Backed Securities)
住宅ローン債権担保証券。モーゲージ担保証券の一種で、とくに住宅ローン債権を裏づけとするもの。かつては単にMBSと呼ぶことが多かったが、商業用不動産とその担保ローンを裏づけとするモーゲージ担保証券が登場するようになったことから、それと区別するためにRMBSと呼ぶようになった。商業用不動産とその担保ローンを裏づけとするモーゲージ担保証券は、CMBS (Commercial Mortgage-Backed Securities)と呼ばれる。

SIV (Structured Investment Vehicle)
不動産などを担保にした長期証券であるCDO、ABSなどへの投資を専門に行う特別目的会社。投資資金は、銀行やファンドからの出資のほか、投資対象の保有資産を担保にしたABCPの発行やレポ取引によって調達している。レバレッジが高いほか、長期投資を短期調達の繰り返しでファイナンスしているため、運用と調達の期間ギャップが大きい。

SOX法
企業改革法(Public Company Accounting Reform and Investor Protection Act)。投資家保護のため、企業会計の開示基準を厳格化した法律。同法によって、特に内部統制を強化するために業務を詳細に文書化することを求められ、膨大な文書化業務が発生することになった。

TFP (Total Factor Productivity)
全要素生産性。経済成長の要因から資本蓄積と労働人口の増加による寄与分を引い

CP (Commercial Paper)

銀行、企業、およびその他の借り手が、一時的な余剰資金のある投資家あてに発行する短期の約束手形。通常は無担保の割引発行だが、一部に担保付きのものや利付きのものもある。

DCF法 (Discounted Cash Flow Model)

割引キャッシュフローモデル。将来生じるであろうキャッシュフローを、一定の割引率で現在価値におき直して当該資産の理論価格を求める方法。

IS－LM

ケインズの『一般理論』の骨子を、ヒックス、モジリアーニなどが簡略化したモデル。それによると、均衡所得および均衡利子率は、財市場の需給一致条件を表すIS曲線と貨幣市場の需給一致条件を表すLM曲線の交点により決定される。

LBO (Leveraged Buyout)

企業買収の手法の一種で、買収対象となる企業の資産を担保として債券を発行し、その資金によって買収を行う手法。負債をテコ（レバー）にして大規模な買収資金を調達できる。

LTCM (Long Term Capital Management)

ソロモン・ブラザーズの伝説のトレーダー、ジョン・メリウェザーが中心となって設立されたヘッジファンド。ノーベル経済学賞受賞者のマイロン・ショールズ、ロバート・マートンらが加わって「ドリームチーム」と言われた。割安な債券を大量に買い、割高と思われる債券を空売りする手法で業績を伸ばし、運用資産規模は1000億ドルと言われたが、1998年のロシア危機で経営破綻。システミック・リスク防止の観点からニューヨーク連銀が救済に乗り出し、36億ドルの資金注入を行った。

MBS (Mortgage-Backed Securities)

→ RMBSの項を参照。

MCI (Microwave Communications,Inc.)

アメリカの通信事業者。1963年に創立され、長距離通信に進出。ワールドコムに買収され、MCIワールドコム（のちのワールドコム）となるが、2002年に粉飾決算が発覚して破産。再建後、MCIと改称し、ベライゾン・コミュニケーションに買収された。

MMF (Money Market Mutual Fund)

アメリカで開発された短期金融資産の投資信託。小口資金をプールして財務省証券やCD（譲渡性預金）、CPなど、リスクの低い資産に投資する。換金が自由で小切

用語解説

（アルファベット、五十音順）

ABCP (Asset-Backed Commercial Paper)
資産を担保に発行されるCP。

ABS (Asset-Backed Securities)
資産担保証券。企業の保有する債権や不動産などの資産を企業から分離し、その資産から生じるキャッシュフローを担保として発行される。通常は資産を特別目的会社（SPC）に売却し、SPCがその資産を裏づけにしてABSを発行する。

AIG (American International Group)
アメリカに本社を置く保険・金融サービス会社。130以上の国・地域で事業を展開し、個人、法人向けに損害保険、生命保険を提供する一方、金融サービス、資産運用事業も展開していた。CDSのプロテクションの最大の売り手だったが、今回の金融危機で大きな損失を出し、2008年9月、米政府から最大850億ドルの緊急融資を受けた。

CDO (Collateralized Debt Obligation)
債務担保証券。ABSの一種で、クレジット資産（ローンや社債）を裏づけとして発行される担保証券。CDOの発行体は、リスクの異なる資産を組み合わせて証券化し、投資家に提供する。原資産のリスクをプールすることによって、投資家の要望に応じたポートフォリオを構成できるとされる。CDOをさらに組み合わせた「CDOオブCDO」など複雑なものが多い。

CDS (Credit Default Swap)
一定のプレミアム（保証料）との交換で貸付債権の信用リスクを保証する取引。債権を直接移転することなく、信用リスクのみを移転できるクレジットデリバティブの一種。プレミアムを支払って信用リスクを回避したい側をプロテクションの買い手、保証を与えて保証料を得たい側をプロテクションの売り手と呼ぶ。

CMO (Collateralized Mortgage Obligation)
不動産担保証券。初期の「パススルー型証券」が、住宅ローンのキャッシュフローをそのまま投資家に支払うのに対して、CMOはキャッシュフローを様々な形に組み替えて投資家に支払う。これを「ペイスルー型証券」とも呼ぶ。

著者略歴

■ 池尾和人（いけお・かずひと）

慶應義塾大学経済学部教授。1975年京都大学経済学部卒業、80年一橋大学大学院経済学研究科博士課程修了。岡山大学、京都大学を経て94年慶應義塾大学経済学部助教授に就任。95年から現職。経済学博士。著書に『日本の金融市場と組織』『現代の金融入門』『開発主義の暴走と保身』など。

■ 池田信夫（いけだ・のぶお）

上武大学大学院経営管理研究科教授。1953年京都府生まれ。東京大学経済学部を卒業後、NHK入社。1993年退職後、国際大学GLOCOM教授、経済産業研究所上席研究員などを経て現職。学術博士（慶應義塾大学）。著書に『電波利権』『ウェブは資本主義を超える』『ハイエク 知識社会の自由主義』など。

なぜ世界は不況に陥ったのか
——集中講義・金融危機と経済学

発行日：二〇〇九年三月二日　第一版第一刷発行
二〇〇九年三月六日　第一版第二刷発行

著者：池尾和人、池田信夫

発行者：黒沢正俊
発行所：日経BP社
発売所：日経BP出版センター
郵便番号　一〇八－八六四六
東京都港区白金一－一七－三　NBFプラチナタワー
電話　〇三－六八一一－八六五〇（編集）
〇三－六八一一－八二〇〇（販売）
http://ec.nikkeibp.co.jp/

装丁：間村俊一
本文デザイン：内田隆史
製作：クニメディア株式会社
印刷・製本：図書印刷株式会社

ISBN 978-4-8222-4723-2